U0749187

接受美学与中小学文学教育

《红楼梦》与百年中国语文教育

张心科◎著

华东师范大学出版社

图书在版编目(CIP)数据

《红楼梦》与百年中国语文教育/张心科著.—上海:华东师范大学出版社,2019
(接受美学与中小学文学教育)
ISBN 978 - 7 - 5675 - 9106 - 6

Ⅰ.①红…　Ⅱ.①张…　Ⅲ.①语文课—教学研究—中小学　Ⅳ.①G633.302

中国版本图书馆 CIP 数据核字(2019)第 164615 号

接受美学与中小学文学教育

《红楼梦》与百年中国语文教育

著　　者　张心科
责任编辑　刘　佳
特约审读　高淑贤
责任校对　林文君
装帧设计　高　山

出版发行　华东师范大学出版社
社　　址　上海市中山北路 3663 号　邮编 200062
网　　址　www.ecnupress.com.cn
电　　话　021 - 60821666　行政传真 021 - 62572105
客服电话　021 - 62865537　门市(邮购)电话 021 - 62869887
地　　址　上海市中山北路 3663 号华东师范大学校内先锋路口
网　　店　http://hdsdcbs.tmall.com

印 刷 者　上海龙腾印务有限公司
开　　本　787×1092　16 开
印　　张　9.75
字　　数　176 千字
版　　次　2019 年 8 月第 1 版
印　　次　2019 年 8 月第 1 次
书　　号　ISBN 978 - 7 - 5675 - 9106 - 6
定　　价　36.00 元

出版人　王　焰

(如发现本版图书有印订质量问题,请寄回本社客服中心调换或电话 021 - 62865537 联系)

丛书总序

2007 年，心科来到北京师范大学攻读博士学位。其实，早在 2005 年，他就已经出版学术专著《接受美学与中学文学教育》，其中的很多篇章在那以前就以单篇论文的形式面世，受到了一些学者和一线教师的重视。到北师大后，心科一头扎进了师大图书馆的书库，因为这里有全国首屈一指的历代教科书馆藏，清末民国的部分尤其蔚为大观。如今回想起来，心科在读博的这些年里，和这些教科书打交道的时间恐怕要远多于和我这个导师打交道的时间。

心科的勤奋很快得到了回报。2011 年，心科的博士论文经过打磨后以《清末民国儿童文学教育发展史论》为名在北京师范大学出版社出版。书甫一出版，便得到诸多儿童文学和教育学专家的好评。更多的读者知道心科，多半也有赖于这本书。事实上，当初在审定他的博士论文原稿时，很多专家都已经预见到了，这份博士论文材料翔实、考辨精审、视野开阔，出版之后势必成为后来人绕不开的一部作品。如果读者朋友尚未读到心科的那本书，我倒是很建议您找来翻一翻，看看一篇优秀的博士论文能将史料挖掘到何种程度。

不过，勤奋是学者的本分，但一个好的学者从来不能够只骄傲于自己的勤奋。史料好比砖块，即便贪婪地占有了满地的砖，但如果不经过独具匠心的层层拼搭，依然造就不出宏伟的建筑。博士论文完成之后，心科最迫切的问题，就是要从他极为熟稔的大量史料之中，抽绎出一些更具学术旨趣的线索，进行一些更有学术深度的反思。

毕业之后，心科来到华东师范大学任教。相隔京沪两地之后，除了一些学术会议的机缘之外，我和心科见面的次数并不算多。但是，心科写成的论文越来越多地出现在各类颇具影响力的学术刊物上。我基本上都会在第一时间读完心科的论文，关注他在更多领域进行的各类研究。我明显感觉到，心科在深入爬梳史料的同时，还在进行

1

一些更艰难的探索性学术工作。

今天，他将自己这些年来的部分成果汇为这套五卷本的"接受美学与中小学文学教育"丛书，使更多的读者可以借此综览他这些年来在这一领域付出的努力和结出的果实。对此，我感到由衷的高兴。

首先值得一提的是这本再版的《接受美学与中学文学教育》。如前所述，这本书初版于十多年前，但今天读来并无陈旧的感觉。在某种程度上，这本书也是这套丛书的灵魂所在。接受美学是德国人开创出来的文学理论流派，如同心科在书里所言，这套理论极大地扭转了我们关注的重心。过去是"知人论世"，想要把握作家在创作时的"原意"；后来变为了"以意逆志"，要从文本细读中挖掘出深刻的意味；而到了接受美学这里，关注的目光投向了"读者"。确实如德国学者所注意到的那样，任何一部作品，倘若不经过读者的阅读，就无异于沉默在纸张上的油墨符号。不过，不同的读者是带着不同的审美眼光和阅读期待在阅读一部作品的，这就给文学作品的阐释留出了巨大的空间和难以准确估量的多样性。在某种意义上，可以说，我们过去的阅读教学，很像是"作家论"和"文本论"强扭在一起的结合，而要让"接受美学"顺利地被语文教学界"接受"，似乎还有很长的路要走。正如心科当时就认识到的那样，接受美学的背后，要牵动教学目标的设定、教材的编写、教学过程模式的调整以及考评方式的变化，可谓错综复杂。近些年来的语文课程改革实践在一定程度上和心科当初的设想是一致的，读者朋友如果仔细读读心科的这本书，会对这些年的语文课程改革工作背后的学术理念有更多的理解。

《经典课文多重阐释》则是一部典型的、贯彻了"史论结合"这一原则的著作。以接受美学为理论基础，心科用丰富的教科书史料呈现了一些经典课文在不同时代教材编选者眼中呈现出的不同面貌。一个很简单但又常常被人们所忽视的道理是，即便是同一篇作品，也会因为时代的流转变迁而在读者那里呈现出不同的面貌，甚至对它的褒贬都可能会发生剧烈的变化。譬如，这本书里谈及白居易《卖炭翁》的一章就颇给人以启发。在今天，《卖炭翁》固然被视作白居易"新乐府"中的名篇，但在晚清民初，这首诗却一直未能被选入教材。晚清颁定的《奏定学堂章程》偏重"经"和"文"，"诗"的部分明显不受重视。及至民国初年，"诗"在教材中的比重稍有抬头，但白居易却是以"嘲风月，弄花草"的《画竹歌》等诗作入选。心科敏锐地发现，这背后有一个俗雅的转换问题。在当时人看来，教材诗文的选择务求"清真雅正"，这四个字的背后其实还是所谓文言与白话、雅与俗的理念对峙。白居易是大诗人，教材里不选说不过去，那么对当时人而言，要选也应当选择其文辞雅驯之作。在心科看来，要到1917年，胡适的《文学改良刍议》和陈独秀的《文学革命论》分别发表后,教材编选的标准才发生了根本性的变化:俗文学,又或者说,白话文学,开始登上了大雅之堂。尤其在推翻文言文的绝对正统地位之后,为了创造新文学,胡适等人创造性地利用传统资源,将《新乐府》理解作"很好的短篇小说"搬了出来。1919 年,戴季陶将白居易的文学评价为"平民的、写实的、现代的",这几乎就像是在说,《卖炭翁》是唐人白居易比照着近人胡适《文学改良刍议》的标准写出来的。随着这种雅俗认识的变化,1920 年,《卖炭翁》的篇名才开始出现在了教科书中,并且逐渐和我们今天对白居易的普遍认知靠拢了。对《卖炭翁》命运的这一认识,是不可能完全从陈旧的教科书里窥得的,心科还需要对当时整体社会氛围和学术思潮的变迁有敏锐的洞察才能够捕捉到。我认为,这些地方就是心科的创见所在。

任何一个读者在阅读《经典课文多重阐释》一书时都会感觉到,为了阐明教材编写者在选编《卖炭翁》等知名选文时的考量,心科需要综合考察整套教材的"序言"、"编辑大意"、选文所在单元的结构安排、课后的"指点、发问"等,并且时时和课堂外的社会氛围、历史发展进程、学术史上的一些公案进行对话。我几乎可以想象,心科一定是一边在图书馆里反复琢磨着整套教材,玩味其中旨趣,一边写下这些论文的。扎实的史料功夫和敏锐的思考合于一处,才能推动心科的研究。

《近代文学与语文教育互动》与前一本书当属姊妹篇,但似乎又要更精巧一些。心科在这本书里只选取了九篇(部)大家耳熟能详的作品,考察它们在清末民国教科书中的呈现,但是每篇(部)其实都指向了某一类特定的文体、语体、题材抑或主题,讨论一个甚至两三个语文教育的重大问题,乃是一种以小窥大、见微知著的写法。心科自己最看重这一本。

其实我更希望读者朋友们关注的,是心科为这本书所写的前言。这篇前言比心科别处的文字都多了一些"夫子自道"的意味。心科想要追求的不是一些故弄玄虚的"上位",而是一种更扎实,但同时又更精巧的"方法":"绣女绣了一幅织锦,木匠造了一个小亭,除了要绣得美、造得巧可供人观赏、歇息外,如果再告诉别人这么做的目的,并示人以自己所用的'金针'和'规矩',也许更有价值。"这种宗旨其实贯穿在《近代文学与语文教育互动》的整个写作过程之中,盼望读者朋友能够仔细体察。

在这方面,我倒是很愿意提及一本对我们语文教育圈子刺激不小的日本学者的著述,那就是东京大学藤井省三教授的《鲁迅〈故乡〉阅读史》。这本书的日文版是 1997 年出版的,2002 年就被译为了中文出版,2013 年又再版了,可见来自读者的反馈是不错的。藤井省三的书开创了一种研究"范式",用一篇课文,以及围绕在这篇课文周边的讲解、习题、问答等阅读史材料，来窥视"近代中国的文学空间"。应当承认，这一范式是成功的，带动了日后众多的模仿者，也多多少少形成了一种"影响的焦虑"。心科自己也坦承，藤井省三"别开生面的立体视角，扎实的文献功夫，让人顿生敬意"。但心科更坚定地认识到，照搬藤井省三的阅读史研究方法，不可能给研究带来任何真正的突破。因此，虽然心科可以在某些方面搜集到比藤井省三更多的材料，但他并没有简单地在"量"上和藤井省三的研究进行碰撞，而是力图在"质"上有所超越。如果说藤井省三着眼的是"文学空间"，那么心科所着眼的明显是"教育空间"。我现在尚不能决然判断心科的这种尝试是否完全成功，但是他这种研究姿态是我所欣赏的。

《经典翻译文学与中小学语文教育》是这套丛书里读来很有趣的一本。很多我们从小听到大的域外故事，往往因为我们太过熟悉，而不会留意到它们传播到中国来的具体过程。心科以教科书为渠道，将这条原本若隐若现的"文化丝绸之路"展现了出来。我们可以借心科的研究增进很多具体的认识。譬如说，教科书编纂者对《皇帝的新衣》的认识就有一个渐进的过程。最早向中国介绍安徒生的孙毓修，就认为这篇童话的主旨乃是"赞新装之奇异"，而且明显是对照着中国传统的《聊斋志异》去理解它的；之后的《新学制国语教授书》则认为这篇童话"旨趣在做国王容易受人蒙蔽，不如做平民的好"，和"五四"之后文化界盛行的反对封建统治、追求平民教育、宣传劳工神圣等思潮形成了有趣的呼应；再往后，叶圣陶通过续写这个故事来"批皇帝之虚荣"；到了1937年的《高小国语读本》，对这个童话的阐释就相对比较完整了，并且突出了赞颂孩子率真的一面。

相较于用本民族母语写成的作品，翻译文学要经由更复杂的甄选、翻译、剪裁、诠释的过程，换言之，教材编选者在其中发挥的直接影响会更为突出，这其实可以给我们的研究工作带来更多的、亟待发掘的亮点。心科写《最后一课》《项链》等经典篇目在教科书中的呈现，其实是找准了很多近代教育史上的亮点，这就使得整本书变得有趣起来。

《〈红楼梦〉与百年中国语文教育》与前几本书又稍有些不同，不是对几篇不同文本的分述，而是将笔墨集中于一部分量足够的大书，考察其在百年语文教育史中的呈现面貌。我相信，这本书的出版会带动不少同类型研究的相继出现。

众所周知，曹雪芹的《红楼梦》是一部尚在创作过程中就被人们竞相传抄的文学经典。然而，或许出乎很多人意料的是，这么一部妇孺皆知的小说要经历一个非常曲折的过程，一直到1924年才进入中小学教科书之中。这当中涉及到实用文言散文一度的统治地位、白话文的崛起、统一国语的进程等多个方面。即便进入了教科书，不同的时代对《红楼梦》的解读也是有很大差异的。心科将这个过程细致梳理了出来,我认为这加深了我们对文学和语文教育的关系的认识。这就是心科所总结的"一篇文学文本只是自然文本,一旦进入教科书就变成了教学文本。作为自然文本,可能仅是供获取信息的文本或作文学研究的对象,作为教学文本又因为不同学段的教学目的不同、不同编者对其认识不同,所以编者所呈现出来的解读结果不同;又因为经典文本本身是一个充满着空白点和未定性的空框结构,而文本所承担的教学功能以及编者的知识水平、解读角度的不同,所以解读结果也不同"。

心科这套书是高度成熟的作品,但也绝非十全十美。因为很多章节过去都是以单篇论文的形式出现的,诸如介绍《奏定学堂章程》、新文化运动的部分往往需要作为背景资料出现。现如今结集成书,这些部分反复出现的次数较多,整套书读下来会觉得稍欠整饬。我想,心科也一定对此有过顾虑,但全书的体例似乎又决定了倘若不如此处理,很多问题不容易解释清楚,这实属无奈。

不过,从没有哪项研究会是十全十美的。心科还这么年轻,未来还有着更多的可能性。我希望他能沿着自己开辟出来的这条道路,继续走得更远,走得更深。目送着自己的学生在学术道路上不断地往前走,是作为一个老师最幸福的事情。

郑国民

2018.06.01

目　录

2

第一章

《红楼梦》与清末民国
语文教育（1902—1949）

清代乾隆年间，曹雪芹的《红楼梦》尚未完稿，便被竞相传抄阅读，此后甚至有"开谈不说《红楼梦》，读尽诗书亦枉然"的说法（清·得舆《京都竹枝词》）。从其问世至今200多年，人们对其价值的认识、评价以及对其文本解读所采取的方式、所获得的结果均不相同，评价和解读也一直没有停歇过，这大概就是经典的真正魅力之所在。既然《红楼梦》在清代就被认为比"诗书"等经典还重要，而且清末梁启超就曾在《论小说与群治之关系》中提倡"小说界革命"，认为小说可以启蒙民众、改良社会[①]，五四前夕胡适发表了《文学改良刍议》等以鼓吹"文学革命"，提倡白话文学等，尤其是他在文中提到"吾惟以施耐庵、曹雪芹、吴趼人为文学正宗"[②]，那么，成为中国古代白话小说经典代表的《红楼梦》就应该拿来让中小学生阅读，而作为传播思想、文化的重要媒介的中小学国文、国语教科书就应该将其收录。但是，直至1924年，《红楼梦》才第一次出现在吴研因等编写的小学高级用《新学制国语教科书》的第4册中。《红楼梦》在这前后的中小学语文教育中的接受情形如何，原因何在？本章将考察其在清末及民国时期中小学国文、国语教科书中收录、呈现及解读等情况，并分析其中的缘由，探寻《红楼梦》接受过程中的某些影响因素。

我们以1920年小学教科书由"国文"（文言）改为"国语"（白话）、1923年《新学制课

---

① 梁启超《论小说与群治之关系》，《新小说》，1902年第一号第1—8页。
② 胡适《文学改良刍议》，《新青年》，1917年第二卷第五号第10页。

程标准国语课程纲要》颁布和 1937 年抗日战争全面爆发为三个节点将《红楼梦》在清末民国中小学语文教育中的接受分为四个阶段。

第一节　1902—1919：实用文言散文盛行期

1902、1904 年《钦定学堂章程》和《奏定学堂章程》分别颁布，标志着现代语文独立设科的开始。就在《钦定学堂章程》颁布之前，梁启超在 1902 年第一号《新小说》杂志上发表了《论小说与群治之关系》。他在文中提出应从小说入手来开启民智、改良社会，他说："欲新一国之民，不可不先新一国之小说。故欲新道德，必新小说；欲新宗教，必新小说；欲新政治，必新小说；欲新风俗，必新小说；欲新学艺，必新小说；乃至欲新人心，欲新人格，必新小说。何以故？小说有不可思议之力支配人道故。"况且"人类之普通性，何以嗜他书不如其嗜小说？答者必曰：以其浅而易解故，以其乐而多趣故"。[①]不过，自古"小说"在我国地位就不高，一直被认为是街谈巷语、琐屑之言。如《庄子·外物》称："饰小说以干县令，其于大达亦远矣。"又如《汉书·艺文志》称："小说家者流，盖出于稗官。街谈巷语，道听涂说者之所造也。"可见，小说所表露的思想被视为"小道"，其写法也被视作"小技"，而只有文章、诗歌才被视为文学的正宗。虽然《学堂章程》确立了"现代"学制，但"传统"文学观念陡然改变的可能性不大，小说进入中小学语文课程标准和教材的可能性也就微乎其微了。从《学堂章程》中我们并没有发现有关小说教学的规定，在《学堂章程》所设置的"语文"科目中有"讲经""读经讲经""词章""中国文学"和"中小学堂读古诗歌法"等。"词章"属于写作，其他属于阅读。阅读中的"讲经""读经讲经"主要以"四书""五经"等儒家经典为教材，自然不会有小说；"中小学堂读古诗歌法"顾名思义所要求诵读的应该是诗歌，自然也不会有小说。那么，"中国文学"以什么为教材呢？《奏定中学堂章程》规定"中国文学"的课程内容如下[②]：

> 入中学堂者年已渐长，文理略已明通，作文自不可缓。凡学为文之次第：一曰文义；文者积字而成，用字必有来历（经史子集及近人文集皆可），下字必求的解，虽本乎古亦不骇乎今。此语似浅实深，自幼学以至名家皆为要事。二曰文法；

孙敏强主编《中国古代文论作品与史料选》，杭州：浙江大学出版社，2014 年版第 350 页。
② 课程教材研究所编《20 世纪中国中小学课程标准·教学大纲汇编（语文卷）》，北京：人民教育出版社，2001 年版第 268—269 页。

文法备于古人之文,故求文法者必自讲读始,先使读经史子集中平易雅驯之文;《御选古文渊鉴》最为善本,可量学生之日力择读之(如乡曲无此书,可择较为大雅之本读之),并为讲解其义法。次则近代有关系之文亦可浏览,不必熟读。三曰作文;以清真雅正为主:一忌用僻怪字,二忌用涩口句,三忌发狂妄议论,四忌袭用报馆陈言,五忌以空言敷衍成篇。

次讲中国古今文章流别、文风盛衰之要略,及文章于政事身世关系处。其作文之题目,当就各学科所授各项事理及日用必需各项事理出题,务取与各学科贯通发明,既可易于成篇,且能适于实用。

从中可以发现,"中国文学"要求阅读古代的经史子集以"积字",阅读《御选古文渊鉴》以理解"义法"。可见,作为作文之用的读文所读的教材主要是"古文"。之所以要以"古文"为教材学习作文,是因为古文的内容不空疏且形式不雕琢,而其宗旨就是"适于实用"。总之,"中国文学"是借助古文阅读以积累词句、模仿技法而利于实用文章的写作课程。

《学堂章程》颁布后,语文教科书相继出版,我国第一本小学国文教科书是商务印书馆 1904 年出版的由蒋维乔、庄俞编写的《最新初等小学国文教科书》,第一本中学文选型国文教科书是商务印书馆 1908 年 5 月出版的由林纾编写的《中学国文读本》。不过,《红楼梦》并没有出现在这两套教科书中。《最新初等小学国文教科书》主要以教学识字、作文及习得课文中的实用知识为主,其中的文学作品只有《文彦博》和《司马温公》等励志故事。《中学国文读本》则受姚鼐所编《古文辞类纂》的影响,所选绝大多数为"古文",只有少量词赋。就如黎锦熙曾经评说的,"清末(二十世纪开始时)兴学,坊间始依钦定课程编印国文教科书;中学以上,所选大率为'应用的古文'(胡适氏用以称桐城派者),其高者亦不出姚氏《古文辞类纂》等书之旨趣与范围"[1]。

1912 年中华民国成立至 1920 年实行白话文教学之前,历次课程文件都不重视文学教育,只稍微顾及诗词教学,但明确反对小说进入教科书,如 1915 年北洋政府颁布的《中学国文教授要目草案》就明确指出,一些记叙性的文章"如《木假山记》《喜雨亭记》《项脊轩记》等篇,或无甚意义,或有似小说,不须诵习也"[2]。 所以,新学制实施以前的教科书中虽然也有些童话寓言类的故事,例如《鹬蚌相争》《愚公移山》《永某氏之鼠》《黔驴之技》等,"但是分量很少。那时的初小国文,包括一切常识,大半是说明文。高

① 黎锦熙《三十年来中等学校国文选本书目提要》,国立北平师范大学《师大月刊》,1933 年第二期第 4 页。
② 《中学国文教授要目草案》,《教育公报》,1915 年 6 月第二卷第一期第 38 页。

小各种教科书,更多数是说明文"①。中学国文教科书,如1913年商务印书馆出版、许国英编写的《共和国教科书国文读本》,以及1914—1915年中华书局出版、谢无量编写的《新制国文教本》等,收录的课文仍然以文言散文为主,不过在收录辞赋的基础上,还选入了一些诗、词和曲等文学作品,正如黎锦熙所说,"民国初年(一九一二以后)中学学制无甚更张,所出国文选本,惟内容稍稍扩大:高年级略选经籍,似至此始知由姚选进而取法乎曾选之《经史百家杂钞》也者;又稍稍羼入诗歌"②。

1917年初,胡适和陈独秀分别发表了《文学改良刍议》和《文学革命论》,提倡新文学革命。1918年5月,胡适还发表了《建设的文学革命论》③。他在这篇文章中称,桐城派、文选派所提倡的古文,江西派所创作的诗,都是"假文学"和"死文学",所以必须创造一种"真文学"和"活文学"取而代之,应争取在"三五十年内替中国创造出一派新中国的活文学",而要创造这种新中国的活文学,就必须经历三个步骤:第一步是阅读古代白话文以掌握白话表达的"工具",第二步是学习古代白话文学和所翻译的西洋文学以掌握艺术表达"方法",有了前两个步骤作预备,最后才能说得上第三步"创造"。他在文中屡次提到了《红楼梦》,他说:创造新文学,首先,要"多读模范的白话文学",如《红楼梦》等,因为《红楼梦》是"活文学",之所以是"活文学",是因为它是用"活文字"作的,而"活文字"就是白话。如果它是用文言作的,就不会有如此高的价值。假如能将《红楼梦》中无用的白话舍去,而将有用的白话撷取,那么我们就可以"造出无数国语的《水浒传》《西游记》《儒林外史》《红楼梦》",就可以建立"国语的标准"了。其次,可从《红楼梦》等中国古代白话文学中学习"收集材料"和"结构"作品等"文学的方法",这样又可以建立文学的标准。不过,当时他并不认为可以从中小学教材入手来推进这项改革,而是主张先由文学界创造出来,他说:

> 国语不是单靠几位言语学的专门家就能造得成的;也不是单靠几本国语教科书和几部国语字典就能造成的。若要造国语,先须造国语的文学。有了国语的文学,自然有国语。这话初听了似乎不通。但是列位仔细想想便可明白了。天下的人谁肯从国语教科书和国语字典里面学习国语?所以国语教科书和国语字典,虽是狠要紧,决不是造国语的利器。真正有功效、有势力的国语教科书,便是国语的文学;便是国语的小说,诗文,戏本。国语的小说,诗文,戏本通行之日,便是中国国语成立之

---

① 吴研因《清末以来我国小学教科书概观》,《教与学》,1936年第一卷第十期第261页。
② 黎锦熙《三十年来中等学校国文选本书目提要》,国立北平师范大学《师大月刊》,1933年第二期第4页。
③ 胡适《建设的文学革命论》,《新青年》,1918年第四卷第四号第289、294、297、293—294页。

时。试问我们今日居然能拿起笔来做几篇白话文章,居然能写得出好几百个白话的字,可是从什么白话教科书上学来的吗?可不是从《水浒传》《西游记》《红楼梦》《儒林外史》……等书学来的吗?这些白话文学的势力,比什么字典教科书都还大几百倍。

1920年,他在《中学国文的教授》中明确指出《红楼梦》应该选作课文,并对一些人的疑虑提出解决办法:"最须说明的大概是小说一项。一定有人说《红楼梦》《水浒传》等书有许多淫秽的地方,不宜用作课本。我的理由是:(1)这些书是禁不绝的。你们不许学生看,学生还是要偷看。与其偷看,不如当官看,不如有教员指导他们看……(2)还有一个救弊的办法,就是西洋人所谓'洗净了的版本'(Expurgated edition),把那些淫秽的部分删节去,专作'学校用本'。"①

另外,因为实用主义盛行,当时中小学仍以学习实用文章为主。如1918年刘半农仍认为,中小学要读、写其日后作为成人生活所需要的实用文章,因为"一个人,天天不吃饭,专吃肥鱼大肉,定要害胃病;小孩子不教他好好走路,一下子便强迫他赛跑,定要跌断四肢,终身残废",而"应用文是青菜黄米的家常便饭,文学文却是个肥鱼大肉","应用文是'无事三十里'的随便走路,文学文乃是运动会场上大出风头的一英里赛跑",学生毕业要成为能"订合同写书信"的人,而"不是要做文学家的",所以要"使学生人人能看通人应看之书,及其职业上所必看之书;人人能作通人应作之文,及其职业上所必作之文。更作一最简括之语,曰'实事求是'"。②

所以,在学校教育应读写实用性文言散文的思想的影响下,白话小说《红楼梦》自然就不会进入中小学国文教科书,作为教材来供学生阅读。正如沈仲九所说的,"国文"改为"国语"之前,"教国文,他的采取教材的范围,只用六经诸子以及唐、宋、明、清的古文;至于小说、戏曲和国语文,不但不教,而且禁止学生阅看"。③ 所以,在课外,《红楼梦》可能都是禁止阅读的。

第二节　1920—1922:"国语"文学教育探索期

1919年,刘半农、周作人和胡适等人在国语统一筹备会第一次大会上提出了《国

① 胡适《中学国文的教授》,《新青年》,1920年第八卷第一号第3—4页。
② 刘半农《应用文之教授》,《新青年》,1918年第四卷第一号第28、30页。
③ 沈仲九《中学国文教授的一个问题》,《教育杂志》,1924年第十六卷第五号第1页。

语统一进行方法的议案》。其中提到，"统一国语，既然要从小学校入手，就应当把小学校所用的各种课本看作传布国语的大本营；其中国文一项，尤为重要。如今打算把'国文读本'改作'国语读本'"①。这份提案在大会上获得通过，并函请教育部批准。1920年1月12日，教育部接受此项建议，并训令全国国民学校（初等小学）一、二年级先改文言文为语体文②。这份提案的通过和训令的颁布，标志着清末以来的语言文字改革、文学革命与教育改革运动的初步合流。语言文字改革者希望借助中小学白话文的推行，进而推行新文字；文学革命者希望借助中小学文学教学来推行新文学；教育者希望通过白话文学来提高学生的阅读兴趣。于是，白话文学在小学国语教科书中开始增多。虽然《红楼梦》和《水浒传》《儒林外史》等都属于古白话小说，但在中小学语文教科书中的收录情形并不相同，后二者被大量选入教科书，前者在教科书中却遭到拒斥，然而在一些教师自选的教材以及学生课外阅读中前者则更受欢迎。

一、《红楼梦》在正式教材中受到冷落

当时的小学国语仍以学习实用知识为主，拒斥文学作品。1919年商务印书馆事先从教育部得到改革消息而出版了初小用的《新体国语教科书》，1920年商务印书馆又出版了初小、高小用的《新法国语教科书》，但就如吴研因所说的，"商务、中华所出的国语教科书，文字障碍虽已减轻，而他的形式内容实不过是国文教科书的译本罢了"③。或者像胡适所批评的，课文只不过是"一只手，两只手；左手，右手"之类的白话文字，并非儿童文学④。可见，国语教科书仍然充斥着用白话文字来介绍各种实用知识的实用文章，而少充满情趣的文学作品，自然其中也就不会出现《红楼梦》中节选的篇目。

当时的中学国语教学，或以讨论问题为主，或以建设国语为主，其中文学问题被重视，文学作品首先要符合"国语"的标准被强调。中学国语教材主要有1919年浙江第一师范学校的沈仲九等编写的白话"中等学校国文教材"、1920年4月由中华书局出版浙江女子师范学校教师朱文叔编写的《国语文类选》以及1920年8月商务印书馆出版南开大学教员何仲英和洪北平合作编纂的《白话文范》。不过，在这三套教科书中仍然没有出现《红楼梦》中的节选篇目。

---

① 《国语统一筹备会议案三件》，《北京大学月刊》，1919年第一卷第四号第151页。
② 《教育杂志》，1920年第十二卷第二号"记事"栏第1页。
③ 吴研因《小学国语教学法概要》，《教育杂志》，1924年第十六卷第一号第1页。
④ 胡适《国语运动与文学》，《绍兴教育界》，1922年第一卷第二期第9页。

"中等学校国文教材"和《国语文类选》这两套教材均以主题组织单元,均出现了"文学"单元,但其中的"文学"并非文学作品,而是讨论文学问题的文章。如沈仲九认为,"国文研究的材料,以和人生最有关系的各种问题为纲,以新出版各种杂志中,关于各问题的文章为目。这种问题和文章,要适合学生的心理,现代的思潮,实际的生活,社会的需要,世界的大势,而且要有兴味"①。如《国语文类选》广告称其为"新文化的先锋 白话文的大观",书中"所选的文字,都是最近的国语文学,可以做模范的。文字的内容分文学,思潮,妇女,哲理,伦理,社会,教育,政法,经济,科学十门,都是新文化的结晶体"。② 其中的"文学"由《什么是文学?》(罗家伦)、《建设的文学革命论》(胡适)、《文学改良刍议》(胡适)、《论短篇小说》(胡适)、《谈新诗》(胡适)、《近代文学上戏剧之位置》(知非)、《文学进化观念与戏剧改良》(胡适)、《文艺的进化》(朱希祖)、《人的文学》(周作人)、《白话文的价值》(朱希祖)、《"的"字的用法》(胡适)和《新式标点符号》(国语统一筹备会议案)等 12 篇有关国语文学问题的论著③,尤其是文学革命的旗手胡适的文章就占了其中的一半。前面提到,胡适在《建设的文学革命论》中认为学习《红楼梦》很重要。其实,编者朱文叔自己也特别喜欢《红楼梦》,而且认为,《红楼梦》因包含的词汇丰富而可以扩充写作者的词汇量,其语言口语化而又可以训练口语表达。如他在《我的自学经过》一文中曾回忆说,1920 年 7 月到中华书局当编辑,"来沪以后,摇笔杆儿的时候,常常觉得国语的词儿不够用。这在我们当编辑的,是很大的困难,我想减少这个困难,曾经发一宏愿,想把所有旧小说里用的词儿摘出来,备大家采用,可是事情太忙,《红楼梦》第一本没有摘完,就停止了"。"直到最近为止,我总以为国语说得不好,是自己莫大的缺憾。我正想种种补救的办法:第一是就和日常生活上的对话一般,熟读国语教科书、《红楼梦》和《儿女英雄传》;第二是多听平剧,注意剧中的说白,并置备留声机和各种平剧的唱片;第三是到游艺场去听相声、大鼓之类;第四是有机会到北平去住他两三年。"④可见,在编写《国语文类选》的前后,《红楼梦》就已进入了他的视野,而且被他作为自己练习国语的工具。不过,在沈仲九、朱文叔等人的眼里,让学生讨论"问题"和"主义"要比学习语言文字更重要,就如沈仲九所说的,"中学生是否只要了解现代的思潮。我以为中学生的在学年限不过三年,而应备的知识,种类很多,就轻重缓急权衡起来,只要能了解现代思潮,对于他的对付环境的生活一方面却已很有利

7

① 仲九《对于中等学校国文教授的意见》,《教育潮》,1919 年第一卷第五期第 45—46 页。
② 《中华教育界》,1920 年第十卷第二期广告。
③ 朱毓魁(文叔)编《国语文类选》,上海:中华书局,1920 年版第 1 册。
④ 朱文叔《我的自学经过》,《中学生》,1931 年第十一号第 72、73 页。

益了"①,"与其叫他读《庄子》《墨子》《荀子》等,不如叫他读《胡适文存》《独秀文存》这一类书;因为一则难懂,一则易解;一则未必适合于现代思潮,一则可以当做现代思潮的一部分的代表。就轻重缓急论,要做一现代的人,不懂《庄子》《墨子》等的学说,却不要紧;不懂国语文提倡的理由,不懂女子解放问题、贞操问题、婚姻问题、礼教问题、劳动问题等,却是要做一时代的落伍者"②。同时,这种选文方式也与当时的语文教育思潮相一致,因为讨论"问题"、宣传"主义"在当时被新派教师和广大学生所热衷,甚至成为进步的表现,就如阮真所指出的,"好些教师来宣传各种主义,讨论各种问题,教国文只是离开文章来讲演主义讨论问题了。辞句的解释,视为无用;文法章法,也不值得注意;因为这都要被学生讨厌而引起反对的……中学生,也爱讨论问题。有所谓经济问题,劳动问题,妇女问题,贞操问题,遗产问题、亲子关系问题,还有最切身而最欢迎的恋爱问题,婚姻问题等等,闹得天翻地覆,如雷震耳了。有些教师竟把'了解人生真义和社会现象'视为中学国文教学的目的"③。

1920年初,南开大学教员何仲英对这种选材、组材的方式提出了批评,他在《白话文教授问题》一文中说:

> 现在我听说一个中等学校④,完全教授白话文,他选材的方法,是以和人生最有关系为纲,以新出版各杂志中关于一问题的文章为目。他的现用分类法:是人生问题,妇女问题,文学问题,科学问题,道德问题……依着问题去寻材料。大约每问题选集了七八篇文章;……不过拘拘以问题为单位,似乎"喧宾夺主"。况且问题别有专科;国文一科,何能"包罗万象"?长此以往,大家皆欢喜讨论问题,发扬虚气;恐怕和国文教授宗旨,越走越远。我觉得现在选取教材,不必限于既往,也不必限于现在,总要以有文学的意味为前提。⑤

可见,在他看来,作为教材的选文,入选的首要标准不是其是否契合"人生""社会"

---

① 沈仲九《中学国文教授的一个问题》,《教育杂志》,1924年第十六卷第五号第7页。
② 沈仲九《中学国文教授的一个问题》,《教育杂志》,1924年第十六卷第五号第10页。孙俍工在《新文艺建设发端》开头就提到:"不成问题的问题——中国自五四运动以后,因为思想解放道德解放的结果,社会上许多从历史上流传下来不成问题的东西都成为问题了。礼教成了问题,贞操成了问题,劳动成了问题,思潮波荡所及,社会几乎动摇起来;社会上所有缺陷几乎完全暴露了;这实在是一种文化运动进步的表征,不能不说是一桩极可喜的事情呵。"中国中等教育协进社编《中等教育》,1923年第二卷第二期第1页。
③ 阮真《时代思潮与中学国文教学》,《中华教育界》,1934年第二十二卷第一期第6—7页。
④ 浙江第一师范学校、浙江女子师范学校均属于中等师范学校。
⑤ 何仲英《白话文教授问题》,《教育杂志》,1920年第十二卷第二号第6—7页。

问题,而是看它是否具有"文学的意味",因为就"国文教授宗旨"来说,人生、社会问题是其他学科要学习的,而"文学的意味"的鉴赏是国文科的专责,像浙江第一师范学校、浙江女子师范所编的教材的选文标准似乎有以次为主、喧宾夺主之嫌。他还开列了一个"能够做模范文"的文类及一些篇目,其中包括《尝试集序》和《人生真义》等报章杂志里的文章,《西游记》《儒林外史》《官场现形记》和《老残游记》等古近白话小说中的片断,"语辞自然"或"全用白话"的唐宋诗词,而《五子近思录》等"'格言式'的文章"可作参考,梁启超的讲坛、蔡元培的演说集可供采取。他的同事洪北平在《中等学校与白话文》一文中所设定的"选择白话文的教材"第一个标准就是"须选有文学价值的——有体裁,有结构——白话文"①。非常奇怪的是洪北平并没有提及白话小说经典《红楼梦》。不过,在谈建设"国语标准"时,他的同事何仲英提到了《红楼梦》,何仲英说②:

> 请问标准国语如何样造成?要使中国这么个大地方,全说一样话,是件难事;决非几十年内可以成功,也决非少数人能够为力。我们现在只要尽量看白话文,除去现在白话出版物外,以前的如《水浒传》《西游记》《儒林外史》《红楼梦》,宋儒语录,元人戏曲,明清传奇的说白,唐宋的白话诗词,删去那和现在不合式不通行的字眼,尽量用那现在能用的字眼,做我们创造新文学的工具,久久的试验下去,自然会有国语的文学,还怕标准国语不成么?若说方言太多,恐怕现在人用的白话文,各地方难以领会,这倒可不必过虑。你不见福建的《闽星》,广东的《民风》,湖南的《湘江评论》,四川的《星期日》种种周刊么?他们未必能够说京话,然而删去了那些极土俗极不普通的方言,竭力做比较明白的白话文,我们没有看不懂的。再说,有时作文,非用方言,不能传神,那么作方言文,讲方言文,亦无不可。

可见,在何仲英看来,虽然《红楼梦》也是问题小说③,从国语教育的目的来说没有必要刻意去选,但是《红楼梦》作为"用纯粹的北京土话"的白话方言小说,写的"是家常日用的话,是尽情尽理的话"④,如果能删去其中一些不普通的方言词语,那么是可以用来作为"创造新文学"、建设"标准国语"的工具的,况且用方言写作往往更能传神,尤其

---

① 洪北平《中等学校与白话文》,《教育杂志》,1920年第十二卷第二号第4页。
② 何仲英《白话文教授问题》,《教育杂志》,1920年第十二卷第二号第2页。
③ "这部小说描写腐败家庭,纨绔公子,可谓淋漓尽致。有的说是言情小说;有的说是哲学小说;有的说是政治小说;还有的说是历史掌故小说;其实他的主义只在批评社会,简直可以说他是社会小说。他所隐含的问题:如婚姻问题,纳妾问题,子女教育问题,弄权纳贿问题,作伪问题等,都是当时社会实际情形,也是我国社会极好的一幅写照,至今未改,我们急当研究的。"何仲英《国语文底教材与小说》,《教育杂志》,1920年第十二卷第十一号第11页。
④ 何仲英《国语文底教材与小说》,《教育杂志》,1920年第十二卷第十一号第11、7页。

是"《红楼梦》描写人情世故细微的地方"用了许多方言,所以"能够为模范者"①。同年,何仲英在《国语文底教材与小说》中再次认为《红楼梦》等是学习白话的好教材:"与其读一部高等小学理科读本,不如看一部《上下古今谈》;与其读《徐霞客游记》,不如看一部《老残游记》;与其读尽乾嘉时文人底专集,不如看一部《儒林外史》;与其模仿这篇传那篇传,不如看一部《水浒传》;与其学诗、学词、学歌、学赋,不如看一部《红楼梦》和一部《镜花缘》。所以我敢说白话在现在,虽不能说是国语文底唯一教材,也当占国语文底教材底大部份。"②

　　为了给白话文教学提供教材,也基于对浙江第一师范、浙江女子师范所编的中学用的白话教材的不满,何仲英和洪北平合作编纂了4册《白话文范》,并于1920年8月由商务印书馆出版。该书的编辑大意称:"我编辑这一本书,是供研究白话文的人做范本用的,所以名为《白话文范》。""所选的文合于中等学校的程度,中等学校教授白话文可以用做教本。"如果从文体来看,虽然书信、序跋之类的应用文字少了,但仍然以议论性的文章为主,文学作品不多。如在第1册共40篇课文中评论有8篇、杂感有10篇,而其他文体多数采用议论的表达方式;其中小说仅有《自决的儿子》(沈仲九)、《可怜的若格》(赵祖欣)、《王冕》(吴敬梓)和《郭孝子寻亲记》(吴敬梓)等4篇。第2册中的文学作品稍多,全册31篇课文,其中翻译小说有《铃儿草》(法国伏兰著、恽铁樵译)、《畸人》(法国伏兰著、周瘦鹃译)、《最后一课》(法国都德著、胡适译)和《航海》(俄国杜仅纳甫著、耿介之译)等4篇,古近白话小说《孙悟空》(《西游记》节录)、《季遐年》《荆元》(《儒林外史》节录)、《君子国》(《镜花缘》节录)和《桃花山》《玉大人诬盗记》(《老残游记》节录)等6篇,诗歌有译诗《缝衣曲》(英国虎特著、刘半农译)和《新诗三首》(傅斯年《深秋永定门上晚景》、周作人《两个扫雪的人》、沈尹默《生机》)等4首,总计12课16篇(首)。第3册17篇课文,其中文学作品仅有近白话小说《大明湖》(《老残游记》节录)和《道情一首》(郑燮)两篇(首)。第4册共21课,其中文学作品仅有近白话小说《黄河结冰记》《白妞说书记》(《老残游记》节录)和古诗《诗》(《为焦仲卿妻作》《木兰歌》《石壕吏》《兵车行》)2课6篇(首)。全4册共109课,白话文学作品只有20课,约占课文总数的18%。之所以出现这种情况,最主要的原因是优秀的白话文很少,可选的余地很小。就如编者在编辑大意中所说的,"现在选白话文取材很不容易"。该书出版的当年,编者之一的何仲英在《白话文教授问题》中所列举的白话文教材仍主要是古近白

① 何仲英《白话文教授问题》,《教育杂志》,1920年第十二卷第二号第7页。
② 何仲英《国语文底教材与小说》,《教育杂志》,1920年第十二卷第十一号第4—5页。

话文,对此他自己也颇感无奈地说:"以上所言教材,大概仍是过渡时代不得已的办法。我们要求真正的白话模范文,非创造不可。现在只好如此。"①1920年何仲英在《国语文底教材与小说》一文中特别强调,之所以"在现在国语文底材料中,白话小说独居特殊的地位",是因为小说"比较他项材料实多一点,而且用白话文较早,影响于今日所谓新文学者甚大"②,所以,《白话文范》中所收录的20课白话文学作品就有17课是白话小说,不过这17课小说全部是古近白话小说和翻译的外国小说,竟然没有出现《红楼梦》。为什么没有出现呢?何仲英在《白话文教授问题》中,一面认为《红楼梦》等小说对学习白话文很有价值,一面又认为其思想不利于学生成长。他以主客问答的形式对此进行了讨论③:

客　您这选材的方法,大概我可赞同;不过以小说为教材,似宜研究。课堂上既公然讲小说,那么学生课外,或是自习的时候,皆可看小说了,拿《红楼梦》为主课,《西厢记》为参考书,天天"宝哥哥",天天"林妹妹",人要问他,他要说:"我在这上边,修练我词句,发展我思想。"岂非笑话?学监有管理的责任,不准他看,它必定说:"某先生教我看的……"岂非自相矛盾?况且小说只可言消遣,那能言文学?就是有文学意味,人总当他消遣,我恐少年时代看了究不相宜。

我　哦!你的脑筋太旧了!小说是文学中一大主干,小说不研究,还说甚么文学?我们专门研究文学,和普通青年看书,自然两事,不可混为一谈;然而旧体小说之无流弊能启发思想者,新体小说之结构新奇,寓意深远者,不妨指示浏览。小说最容易叫他们知识长进,他们也最爱看小说。你与其强迫他们不看小说,他们反私自偷看不正当的书籍;何不彰明较著,痛说利害,使他们有轨道可寻,能得小说的利益,不至于为小说所害呢?《西厢记》思想不高,没有看的价值。《红楼梦》于年轻学生,亦不宜看;我所许学生看的,是《儒林外史》《水浒传》《三国演义》《二十年之怪现状》《老残游记》以及胡译的《短篇小说》,总之现在讲小说,以时人译著为宜,若读旧小说,不能用文学的眼光去研究,却是耗费光阴,有损无益,这是做教员的应当谨慎的。

---

① 何仲英《白话文教授问题》,《教育杂志》,1920年第十二卷第二号第8页。何仲英在《国语文底教材与小说》中说:"我们要在现在收罗国语文底教材,很是件难事。第一、已有的国语文太少:不是过长,就是过短;不是杂乱无章,就是思想陈腐;要找一篇完完全全,没有毛病的,实在是'凤毛麟角'。第二、现在新作的国语文尽管多,但在创造试验时期,难免有拉杂刻露等流弊,而且适合于学生程度的很少。从严格上说来,似乎已有的国语文,难以取材,惟有静待将来创造。"《教育杂志》,1920年第十二卷第十一号第1页。
② 何仲英《国语文底教材与小说》,《教育杂志》,1920年第十二卷第十一号第3、4页。
③ 何仲英《白话文教授问题》,《教育杂志》,1920年第十二卷第二号第8—9页。

可见，在他心中，《红楼梦》等旧小说是否应入选教材是很矛盾的：讲小说用翻译小说，读小说用旧小说；旧小说既应考虑其文学成就是否对学生学习语言和文学有益，又要考虑其思想内容是否对学生有害。就《红楼梦》来说，其文学成就自然无话可说，也属"启发思想者"，但也有可能是产生"流弊"者，所以"《红楼梦》于年轻的学生，亦不宜看"。既然《红楼梦》不宜看，那只好退而求其次，去选择《儒林外史》等"无流弊能启发思想"的小说了[①]。

《白话文范》不选《红楼梦》还可能与其编写旨趣以及当时人们对"国语"的认识直接相关：首先这本教材主要是用来学习和研究"白话文"的，而非专门研究白话"文学"。其次，既然是白话文之"范"，那么用语必须是标准的"国语"。但是，标准的"国语"在当时并无一定的标准。当时的国语运动者黎锦熙等人认为，国语教育的最终目的是"言文一致"和"国语统一"。要做到"言文一致"，首先必须改文言为白话；而要做到"国语统一"，就必须不能用方言土语。《红楼梦》虽然是"白话""文学"之范，但多用北京方言，并非"国语"之范，所以在国语教育初期自然就不能入选国语教科书了。1937年阮真关于初中国文教科书选材问题的论述也为我们的推断提供了佐证，他说，初中国文教本"可加入《老残游记》《儒林外史》那种旧小说的语体文，却不可加入《水浒》《红楼》那种有不良影响或多用方言的旧小说，或元曲科白"。[②]

当时，人们并不像以前那样认为《红楼梦》是不登大雅之堂的小说，而将其视为"白话""文学"的经典，如1920年蔡元培在国语传习所的演说中就提到，"许多语体小说里面，要算《石头记》是第一部"，"《石头记》是北京话，虽不能算是折衷的语体，但是他在文学上的价值，是没有别的书比得上他"。[③] 1923年江苏省教育会推行国语委员会在给各报馆的一封信中说："还有许多人说'语体文太粗俗'。这亦不成问题。现在要提倡的语体文，当然把上流社会受过教育者的口语做标准，不是挑葱卖韭菜所说极下等的话。口头说出来既不粗俗，写在纸上，当然亦不会粗俗的。现在看《红楼梦》《儒林外史》等白话小说，几曾有人嫌他粗俗呢？"[④]前文也提到，1920年初《白话文范》的编者之

---

① 另一编者何仲英认为针对其中的一些淫秽描写，在教材处理上可用节本，在教学过程中教师要注意指导："至于其中叙述有淫秽过显露的地方，本是中国小说底污点，也难禁止学生不看。西洋人有一种'洗净了的版本'办法，把一部书底淫秽，严加删节，作学校课本，这倒很好，不碍本书底价值，尽可照办。""有至命为宝玉、武松，专以狭邪为情、拆梢为勇的学生；然而不能尽怪小说，当教授小说的教师，应当负指导明示的责任。"何仲英《国语文底教材与小说》，《教育杂志》，1920年第十二卷第十一号第7—8、14页。

② 阮真《中学国文教本应如何指示学文途径》，《中华教育界》，1937年第二十五卷第一期第142页。

③ 蔡元培著，高平叔编《蔡元培教育论集》，长沙：湖南教育出版社，1987年版第273、274页。

④ 《教育杂志》，1923年第十五卷第三号"通讯"栏第2页。

一的何仲英就认为《红楼梦》应该作为白话文教学的材料,而且他在《白话文范》出版两年之后也提到《红楼梦》是"白话""文学"的经典,如1923年他在《中等学生的国语国文学习法》中说:现代白话小说写不好,"最大的原因,不在描写之技能缺乏,而在描写的工具不好,欠丰富。试问有了好意思,好结构,而词头缺乏,修辞不美,也是不能成功的。即就《水浒传》《红楼梦》、元曲而论,那般形式,那般思想,照现在眼光看起来,未免缺憾;但铸语之功,修辞之妙,或用古语,或用方言,人有人的色彩,地有地的色彩,在现在的文学界中,简直找不出一个人一篇文出来,能够和他们比一比!""《红楼梦》拿纯粹的北京话应用到描写人情上去,尤足尽写实文学的能事"。[①] 可见,三年后他的观点发生了很大的改变,由当初认为《红楼梦》中的某些思想对青年不宜,而转变为现在对其思想艺术的全面赞颂了!

二、《红楼梦》在自选教材和课外阅读中受欢迎

沈仲九称,"国文"改为"国语"后,只有少数学校完全教文言古文,多数学校兼教白话文,"虽然也有不以小说、戏曲等当做正功课教的,但完全禁止学生阅看的事,总是不至于的。教材取材范围的推广,是国文教授新趋向的一种"。[②] 周予同也说:"到了现在国语文学胜利的时候,许多人就排斥一切,大教其白话的戏剧小说。"[③] 此时,虽然国语教科书中没有出现《红楼梦》中的篇目,但是因为当时多数教师采用自编教材,而《红楼梦》本身又涉及了当时社会上所热衷讨论的多种问题,又是白话文学的典范,所以在实际教学中,《红楼梦》肯定有时会被作为自选教材来使用的,如1921年薛竞在《中学国文教授的我见》中批评当时的国语教学时就提到《红楼梦》被一些教师作为教材普遍使用的情况,他说:"新式的人物,这般时髦的少年,并没有澈底的觉悟,真正的了解。扛了一个文学革命的大旗,到处呐喊,胡适之、陈独秀……就是他们的祖师;《红楼》《水浒》……就是他们的利器;《白话文范》《国语文类选》……就是他们的经传。目杨(扬)雄、司马相如为怪,指文选派桐城派为怪;开口说古文没有研究的价值,古籍没有整理的必要;读了几部西文,便半通不通,似通非通的写了一大篇,说这是新文学,这是文学的正宗。近来的出版物,用白话文做的,有时竟比古文难懂,有时噜噜囌囌好像乡下老

① 何仲英《中等学生的国语国文学习法》,《学生杂志》,1923年第十卷第六号第27、29页。
② 沈仲九《中学国文教授的一个问题》,《教育杂志》,1924年第十六卷第五号第1页。
③ 周予同《对于普通中学国文课程与教材的建议》,《教育杂志》,1922年第十四卷第一号第3页。

妇吵嘴一样。唉！这就是新文学吗？"①又如1934年有人批评1919年前后的中学国文教学时称："自文学革命之口号倡行以后，举国青年，不究其是非，但惑其新颖。于是为教员者，惟恐被开倒车之讥，尽弃其旧，而谋其新。桐城派一变而为创造社，《红楼梦》一变而为教科书。"②显然，这里的"教科书"是指教员上课采用的阅读教材或指定学生课外阅读的书目。

"学生以为《红楼梦》是文艺作品，而教员以为是诲淫之书。"③所以，多数守旧的教员在课内不讲《红楼梦》，不过还是有许多学生在课外阅读《红楼梦》。曹聚仁回忆1915年至1921年在杭州第一师范（中等师范）读书时的情形时说，该校国文教员兼舍监夏丏尊没收他们所读的小说，不过因为"《新青年》提出了反桐城派古文，反文选派骈文的口号"，而且主张读写"的、了、吗、呢"之类的白话文学，所以"我们追随《新青年》派的号召，把以往被夏丏尊所没收的《水浒》、《红楼梦》、《三国演义》搬到教室中，让它们代替了《古文观止》、《古文辞类纂》的地位"。④

其实，在课外阅读书目中，《红楼梦》也常被家长列入禁书的行列，如1920年瘰瘵女士称⑤：

当我在小学里毕业的那年，恰巧我的父亲出外谋事去了，于是我家里那只素被禁阅的书箱开放了，我从这只书箱里，检出无数久被污蔑为淫书的哀情小说来，如《石头记》《六才子》《琵琶记》等不下数十种，但我最爱读的还算《石头记》，因为《石头记》非但从绝妙的词句里，能够看出十二金钗每个人的个性来，而且还可以当做一部最好的文学书籍读。因此，《石头记》给我的印象，使我增了无限的爱读小说的怪癖。

14

① 薛竞《中学校国文教授的我见》，《中华教育界》，1921年第十一卷第五期第15页。曹聚仁在《中国学术思想史随笔》中说，胡适当年大力提倡阅读《红楼梦》等白话小说，"在当时，的确震动了流俗。把《文选》《古文辞类纂》搁开一边，让《水浒》《红楼梦》进入教室，当年是件大事"。北京：生活·读书·新知三联书店，1985年版第420页。
② 涂公遂《国文教学之商榷》，《河南大学学报》，1934年第一卷第一期第2页。
③ 沈仲九《关于青年教育的几个问题》，《教育杂志》，1926年第十八卷第一号第7页。
④ 曹聚仁著《我与我的世界》，北京：人民文学出版社，1983年版第116页。又，曹聚仁称自己酷爱《红楼梦》，读过七十多遍，当年在浙江一师读书时，"我在教室里看《三国演义》，还给夏丏尊师没收了去。至于《红楼梦》《西厢记》，那是诲淫的书，更不为正人君子所容了"。所以私下里"我们诅咒他，叫他'夏木瓜'"。（曹聚仁《中国学术思想史随笔》，北京：生活·读书·新知三联书店，1985年版第379、380、381页。）1934年，夏丏尊、叶圣陶合著的《文心》出版，书中在以讲故事的形式向中学生推荐课外读物时，白话小说有《三国演义》《镜花缘》和《老残游记》，但是没有推荐阅读《红楼梦》。（夏丏尊、叶圣陶著《文心》，北京：中国青年出版社，1983年版第30页。）
⑤ 瘰瘵女士《自述读书经过书》，《妇女杂志》，1920年第十七卷第二号第60页。

然而，无论家长还是老师禁读，都没有能阻止《红楼梦》在中小学生中间被广泛传阅的形势。1921 年 5 月，亚东图书馆出版了胡适整理的《红楼梦》(程乙本)。胡适还为其写了一篇《重印乾隆壬子本红楼梦序》。后来成为著名红学家的吴组缃曾回忆自己在安徽宣城中学读书时阅读这本《红楼梦》的情形及其对自己语文学习的影响，他说①：

> 高小毕业的时候，看过石印本的《金玉缘》(《红楼梦》别称——引者)，行款推墙杵壁，密密麻麻的字迹，看得头昏眼花。可是，我一进中学，就买到了胡适主持整理的亚东版新出的《红楼梦》，跟我以往看的那些小说书从里到外都是不同的崭新的样式，白报纸本，每回分出段落，加了标点符号，行款舒朗，字体清楚。拿在手里看着，真是悦目娱心。我得到一个鲜明的印象：这就是不同于封建文化的"新文化"。我开始尝到读小说的乐趣，心里明白了小说这东西以及读小说的人所受的待遇在新旧时期对比下是如此迥然不同。我们不止为小说的内容所吸引，而且从它学做白话文，学它的词句语气，学它如何分段、空行、提格，如何打标点符号。这样，我们就自然而然拜亚东版的白话小说为师，阅读中不知不觉用心钻研，仔细琢磨。新版的《红楼梦》、《儒林外史》、《水浒》等不止教会我们把白话文和口语挂上钩，而且更进一步开导我们慢慢懂得在日常生活中体察人们说话的神态、语气和意味。

作家丁玲曾回忆 1921 年她在长沙周南女校课外选择读物的倾向时也提到了《红楼梦》，她说②：

> 那时读小说是消遣，我喜欢里面有故事，有情节，有悲欢离合。古典的《红楼梦》《三国演义》《西厢记》，甚至唱本《再生缘》《再造天》，或还读不太懂的骈体文，鸳鸯蝴蝶派的《玉梨魂》都比"阿Q"更能迷住我。

可见，在丁玲这样一般中学生的眼里，有故事，有情节，有悲欢离合的《红楼梦》比反映国民劣根性的《阿Q正传》更能激发自己的阅读兴趣。

---

① 吴组缃《胡适文萃序》，杨梨编《胡适文萃》，北京：作家出版社，1991 年版第 2 页。
② 丁玲《鲁迅先生于我》，鲁迅博物馆鲁迅研究室编《鲁迅诞辰百年纪念集》，长沙：湖南人民出版社，1981 年版第 6 页。

1984 年，语文教育家蒋仲仁曾回忆 1922 年读前期师范（初中师范）时和丁玲相似的课外读《红楼梦》的倾向，以及当时愉悦的阅读心境，他说[①]：

> 印象深的是读《红楼梦》，是商务印书馆出的叫《石头记》的两厚本。年轻记性好，林黛玉的《葬花诗》，贾宝玉的《姽婳词》都能背诵。不懂得作品分析，连曹雪芹高鹗也不问，更不知道什么反映封建统治阶级的没落。不会从"叛逆性格"去认识贾宝玉，只觉得宝二爷住在怡红院，怡红快绿，有袭人晴雯这么美丽的姑娘侍候，红袖添香夜读书，满幸福的。今天正在开展《红楼梦》的研究，想必会研究"中学生怎样读《红楼梦》"一类的课题。有了研究成果作指导，不会象我们那时候的幼稚和胡（糊）涂了。

虽然他说自己当年读法有点"幼稚和胡（糊）涂"，似乎不认同当初所采用的这种"自然"的读法，但是 60 多年后他仍然能鲜活地表达出初读《红楼梦》时的直感，而且从他使用"不知道""不懂"及"不会"等字眼中，也可以看出他实际上是反对后来所盛行的这种"教学"读法。

第三节　1923—1936：白话文学教育鼎盛期

随着语言运动、文学革命的兴盛、"五四"运动的爆发以及教育革新的推进，《红楼梦》在语文教育中的接受进入了鼎盛时期。

一、接受情况

（一）国语、国文课程标准的冷落

1922 年施行新学制，1923 年《新学制课程标准国语课程纲要》颁布，其中由吴研因草拟的《小学国语课程纲要》的课程目的为"练习运用通常的语言文字，引起读书趣味，养成发表能力，并涵养性情，启发想像力及思想力"，《纲要》还规定教科书的"取材以儿童文学（包含文学化的实用教材）为主"。[②] 这样一来，"新学制的小学国语课程就把'儿

---

① 蒋仲仁《学文杂记》，刘国正主编《我和语文教学》，北京：人民教育出版社，1984 年版第 387—388 页。
② 课程教材研究所编《20 世纪中国中小学课程标准·教学大纲汇编·语文卷》，北京：人民教育出版社，2001 年版第 13、14 页。

童的文学'做了中心,各书坊的国语教科书,例如商务的《新学制》,中华的《新教材》《新教育》,世界的《新学制》……就也以儿童文学相标榜,采入了童话、寓言、笑话、自然故事、生活故事、传说历史故事、儿歌民歌等等"①。由叶圣陶起草的《初级中学国语课程纲要》的课程目的的第二、三条分别为"使学生能看平易的古书"和"引起学生研究中国文学的兴趣"②,《纲要》列出的初中三年所需要学习的文学体裁有传记、小说和诗歌。由胡适起草的《高级中学公共必修的国语课程纲要》的课程目的之第一条为"培养欣赏中国文学名著的能力"③,而且《纲要》还列举了应阅读的许多诗歌、小说、词曲和戏曲的名目。自此以后,中学国文教科书也发生了变化,就如1932年徐蔚南在《关于初中创造读本》中所说的,"我国中学国文教科书,自来只是《古文观止》一类的变相,在国文教育的意义上,实无多大价值可言。十年前,国语文学运动勃起,又以教育制度的改革,国文教科书的编辑,才起变化……所选教材,多白话作品,即素被轻视的小说戏曲亦被选用了"。④ 不过,叶绍钧和胡适在各自所拟的课程纲要中提及古近白话小说时,都没提到《红楼梦》。如胡适所列举的古近白话小说只有《水浒传》《儒林外史》和《镜花缘》三部。1920年,胡适在北京高师发表演说时认为,"中学国语文的教材应该带文学的性质",教材的内容包括"小说"和"白话的戏剧",小说要看"至少二十部以上五十部以下。例《儒林外史》《官场现形记》《红楼梦》《西游记》《水浒传》《二十年目睹之怪现状》《恨海》《九命奇冤》《文明小史》《七侠五义》"。⑤ 那么,两年后他为什么没有将《红楼梦》列入其所拟的课程标准呢?1920年,胡适提出要"整理国故,再造文明",而且着手考证《水浒传》和《红楼梦》的工作。此前的演讲提倡阅读《红楼梦》,而这次拟定课标又对其只字不提,是否认为其中有些内容不适合学生阅读而需要整理才能选作教材呢?我们不得而知。而且1929、1932、1936年颁布的中学国文课程标准也均不提《红楼梦》。

(二)国语、国文教科书的欢迎

不过,上述三份课程纲要颁布后,尤其是1930年以后,《红楼梦》选目却集中出现在中小学国文、国语教科书中。我们先看1924—1936年出版的国语、国文教科书收录此书内容的情况。

17

---

① 吴研因《清末以来我国小学教科书概观》,《教与学》,1936年第一卷第十期第262页。
② 课程教材研究所编《20世纪中国中小学课程标准·教学大纲汇编·语文卷》,北京:人民教育出版社,2001年版第274页。
③ 课程教材研究所编《20世纪中国中小学课程标准·教学大纲汇编·语文卷》,北京:人民教育出版社,2001年版第277页。
④ 徐蔚南编辑初级中学学生用《创造国文读本》,上海:世界书局,1931年版第1册第1页。
⑤ 胡适之《中学国文的教授》,北京高师《教育丛刊》,1920年第二集第2页。

编者	教科书名称	篇名	来源	年级、册次	出版社	时间、版次
吴研因等	新学制国语教科书	刘老老(一)(二)	"节录《石头记》"	小学高级用第4册	商务印书馆	1924年6月10版
魏冰心	新学制小学教科书高级国语文读本	凤姐戏弄刘老老	"节改石头记"	小学高级用第4册	世界书局	1925年3月初版
沈星一	新中学教科书初级国语读本	刘老老	"这是从《红楼梦》第六、三九、四〇、四一、四二各回中节录来的"	初级中学用第2册	中华书局	1925年3月初版
吴遹生、郑次川	古白话文选	刘老老 林黛玉	"节选《红楼梦》"	高中下册	商务印书馆	1927年第4版
朱剑芒	初中国文	刘老老	"本篇节自《红楼梦》三九、四二各回"	初级中学学生用第4册	世界书局	1929年出版
朱剑芒	高中国文	林黛玉	"节自《红楼梦》第二十六回至二十八回"	高中第2册	世界书局	1930年7月3版
戴洪恒	基本教科书国语	刘老老(一)(二)	"节录《石头记》"	小学校高级用第4册	商务印书馆	1931年8月初版
傅东华、陈望道	基本教科书国文	刘老老	"采自曹霑的《红楼梦》"	初级中学用第1册	商务印书馆	1931年12月初版
北平文化学社	初中三年级国文读本	刘老老		初中三年级第4册	北平文化学社	1932年出版
王伯祥编	开明国文读本	宝玉题园	"《红楼梦》"	初级中学学生用第2册	开明书店	1932年8月初版
罗根泽、高远公	初中国文选本	刘老老醉卧怡红院	"节《红楼梦》"	初中第2册	北平立达书局	1933年8月初版
傅东华、王云五	复兴初级中学教科书国文	刘老老(一)(二)		初级中学第1册	商务印书馆	1933年9月30版
石泉	初中师范教科书初中国文	刘老老	"节《红楼梦》三九——四二回"	初中第4册	北平文化学社	1933年11月初版
河北省省立北平高级中学	国文读本	林黛玉	"节选《红楼梦》"	高中第2册下	编者自刊	1934年8月出版
夏丏尊等	开明国文讲义	王熙凤	"节选《红楼梦》""这一段从第三回节下来的"	中学自修用第1册	开明书店	1934年11月初版

编者	教科书名称	篇名	来源	年级、册次	出版社	时间、版次
马厚文	标准国文选	刘老老	"本篇选自《红楼梦》"	初中第3卷	大光书店	1935年8月改版
夏丏尊、叶绍钧	国文百八课	林黛玉的死		初级中学第2册	开明书店	1935年出版
沈荣龄等	实验初中国文读本	大观园		初中第5册	大华书局	1935年出版

1. 普遍接受的原因

从上表所列可以发现，1924—1936年的14年间就有18套国文、国语教科书节选了《红楼梦》作为课文，可见其在中小学语文教育中普遍受到欢迎。究其原因，可能有以下两点：

首先，《红楼梦》的文学成就获得了高度肯定。当时胡适、鲁迅、顾颉刚、俞平伯等大批学者都在他们的论著中对其文学成就给予了高度的评价。如鲁迅在1924年出版的《中国小说史略》中称："自有《红楼梦》出来以后，传统的思想和写法都打破了。"[1]

其次，人们对"国语"标准及"国语文学"形成过程的认识发生了如下两点变化。

第一，对北京方言的认可，认为其有利于国语标准的形成和新文学创作。1920年，"许多人狠（很）怪教育部太卤莽了"，认为"教育部应该先定国语的标准和进行的手续，然后可以逐渐推行"。[2]胡适认为这种批评是不对的，"没有一种国语是先定了标准才发生的；没有一国不是先有了国语然后有所谓'标准'的。凡是国语的发生，必是先有了一种方言比较的通行最远，比较的产生了最多的活文学，可以采用作国语的中坚分子；这个中坚分子的方言，逐渐推行出去，随时吸收各地方言的特别贡献，同时便逐渐变换各地的土话：这便是国语的成立"。[3] 1921年，胡适在《国语文法的研究》中说："'国语'这两个字很容易误解。严格说来，现在所谓'国语'，还只是一种尽先补用的候补国语，并不是现在的国语。这句话的意思是说，这一种方言已有了做中国国语的资格，但此时还不会完全成为正式的国语。"[4]"国语的文学"和"文学的国语"要相伴而行，当然是最好不过了，不过实行起来却很困难，况且俞平伯认为，"凡是真的文学，不但要

① 朱一玄编《〈红楼梦〉资料汇编》，天津：南开大学出版社，2012年版第903页。
② 胡适《国语标准与国语》，《新教育》，1920年第三卷第一期第2页。
③ 胡适《国语标准与国语》，《新教育》，1920年第三卷第一期第2页。
④ 胡适《国语文法的研究》，《新青年》，1921年第九卷第三号第1页。

使用活的话语来表现它,并应当采用真的活人的话"①,所以方言应该进入国语文学。胡适认为,"国语不过是最优胜的一种方言",国语应该从方言中吸取"新材料,新血液",尤其是要表现人物个性的差异,必须用方言,如果用普通话(官话),虽然意思相同,"神气却减少多多了"。他设想鲁迅的《阿Q正传》要是用绍兴土话来写,肯定"要增添多少生气",并批评叶圣陶写作不用家乡苏州的方言。胡适说自己7年前在谈"国语的文学"与方言的问题时加了一些如"将来国语文学兴起之后"及"国语的文学造成之后,有了标准"等限制语,是因为"不愿惊骇一班提倡国语文学的人"②。可见,"国语的文学"难有一定的标准,北京话可作为标准国语的一个选项。俞平伯说:"我赞成统一国语,但我却不因此赞成以国语统一文学。文学的国语,国语的文学,如胶似漆的挽手而行,固不失为一个好理想;不过理想终久(原文如此——引者)只是理想,不能因它的好而斗变为事实。"③除了文学革命者对国语运动者企图制定统一的国语标准不满外,一些中小学教育者也对其不以为然,认为只要学习的是白话文就不用管其是否运用了标准的"国语"。如吴研因认为,如果强求各地统一,那实在是"关了大门自己造车子的办法"④。其实早在1920年,陪同黎锦熙视察的官员刘儒在考察一师附小时,吴研因就对其说过"在南方学校,只要注重白话文"的话⑤。既然方言有利于新文学的创造,而且势力最大的方言以后可能成为"国语"的标准,而且国语运动者黎锦熙、钱玄同等人,也主张确定北京音为标准音、北京语(词汇、句式)为标准语,那么从"文学经典""白话小说"和"北京方言"这三点来看,《红楼梦》中的篇目都符合入选教科书的基本条件;如果将这三点结合在一起,则《红楼梦》中的篇目是最佳选文。

第二,对作家运用欧化技法、语言不满,而主张借鉴传统白话小说的技法和语言。在1924—1936年间出版的这18套教科书中,有13套是1930年之后出版的,这又是为什么呢?在这之前为了创作新文学、创造新国语,学者们翻译了大量的西方文学作品,一些作家的写作技法、用语也逐渐"欧化",这引起了一些文学创作者的不满,例如俞平伯在《中国小说谈》一文中就对此进行了猛烈的抨击,他说:

忽视历史上已有的,可以帮助决定将来的诸因子,惟抱夸虚的观念,侈言空前

---

① 俞平伯《吴歌甲集序》,《国语周刊》,1925年9月6日第13期第2页。《吴歌甲集》是由顾颉刚编辑的吴地民间歌谣汇集。

② 胡适《吴歌甲集序》,《国语周刊》,1925年10月4日第17期第1页。

③ 俞平伯《吴歌甲集序》,《国语周刊》,1925年9月6日第13期2页。

④ 吴研因《小学国语教学法概要》,《教育杂志》,1924年第十六卷第一号第3页。

⑤ 刘儒《考察国语教育笔记》,《教育杂志》,1921年第十三卷第六号第2页。

的创造,其成功必近于渺茫,此亦我所确信。以白话行文成为风气,而小说本最宜于白话。以前文人没有正确的文学意念,而我们今日的中学生也能侃侃而谈了。从这两桩新生的事情看,似乎小说在今日或在最近之将来,必有昌明的发展,惊人的成绩。然而不然,漫说提起今日之成就,我们真难为情;即在最近之将来,我们怕还好意思替他们大吹大擂的登预告吗?我们实在无所见,我们能够讲什么?不能在学生心目中打倒(恕我用这样时髦的名词)《水浒》《红楼》的地位,我们还好意思谈什么创作小说!为什么如此倒霉,我们正好借上述的悬谈来解释。现在创作小说的惟一靠山,就是摹拟西洋,所谓"欧化"……

所以,他接着主张要学习《红楼梦》这样优秀的传统小说,因为其中"有许多色彩为中国小说的基本调子,不该完全抛弃",而且只有学习我国优秀的传统小说的某些技法和语言,才能对欧化有所"限制"[①]。他的这篇文章被朱剑芒选入 1930 年世界书局出版的《高中国文》的第 3 册下编中,这说明编者认同俞平伯的这种想法,同时朱剑芒在该书的第 2 册中还选入了《林黛玉》一文。此后,从《红楼梦》中节取的选篇大量进入中小学国语、国文教科书,可能与之存在极大的关系。

2. 接受学段的差异

从选录《红楼梦》的 18 套教科书所在的学段来看,高小有 3 套,初中有 11 套,高中有 3 套,没有明确初高中但为中学的有 1 套(可能为初中)。

为什么小学偏少呢? 1931 年,何日平(陶行知)对当时小学国语教科书中的课文多系编者自己撰写的儿童文学表示了不满,而主张选取《红楼梦》这类经典性的作品让儿童阅读,他说[②]:

请诸位再看刘姥姥赴贾母宴会在席上低着头引得大家哄堂大笑的几句话:
"老刘,老刘,
食量大如牛,
吃个老母猪,
不抬头。"
这样现成的好文学在以文字为中心的教科书中竟找不着一个地位,而"大狗

---

① 朱剑芒编、徐蔚南校订《高中国文》,上海:世界书局,1930 年版第 3 册下编第 76 页。
② 何日平《教学做合一下之教科书》,《中华教育界》,1931 年第十九卷第四期第 13 页。

叫，小狗跳"的无意义的文字，居然几百万部的推销出去。所以中国教科书虽以文字为中心，却没有把最好的文字收进去。这是编书人之过，不是文字中心之过……我们读《水浒》《红楼梦》《鲁滨孙飘流记》一类小说的时候，读了第一节便想读第二节，甚至于从早晨读到夜晚，从夜晚读到天亮，要把它一口气读完了才觉得痛快。中国的教科书是以零碎文字做中心，没有这种力量。

可见，在他看来，无论从文字的优美，还是从情节曲折与否的角度来看，《红楼梦》都应该入选小学国语教科书。那么为什么从1924年至1936年这12年间只有3种小学国语教科书选录了《刘老老》呢？大概因为在编者看来，初小学生可能读不懂也不感兴趣，所以不必选入，虽然高小学生的阅读水平已有所提高，但也不宜多选。如傅东华、陈望道在谈教科书选文时就曾说："这完全是个难易程度的问题。我们相信教材的难易原与文字的深浅有关，但与内容的深浅关系尤大。高小时代的儿童，读《西游记》的兴味必比读《儒林外史》大些，读《封神传》的兴味必比读《红楼梦》大些，而《儒林外史》和《红楼梦》的文字未必比《西游记》和《封神传》艰深，由此可知编次教材的顺序必须视学生对于内容思想的了解力为标准。"[1]这一点从张毕来的回忆中也可得到印证，他说1926年自己读高小一年级时"连《红楼梦》和《西厢》也见着了，但是不懂"，只是到了中学才真正懂了这些"古东西"。[2]

为什么高中也偏少呢？因为新学制实施以后，教科书中选文的语体比重是初中文白各半，而高中以文言为主，所以作为白话小说的《红楼梦》入选高中的几率就降低了。

正因为以上原因，所以从《红楼梦》中节选的篇目就集中出现在了初中阶段。就初中来看，出现在初一（第1、2册）的有6套，出现在初二、初三的有5套，之所以如此，又与初中教科书文白安排方式有关，1923年颁布的《新学制课程标准纲要初级中学国语课程纲要》要求采取白话递增、文言递减的方式来编排选文，其所规定的三个学段的白文比例分别为3∶1、1∶1与1∶3。虽然1929年颁布的《初级中学国文暂行课程标准》、1932年颁布的《初级中学国文课程标准》和1936年颁布的《初级中学国文课程标准》中所规定的文白比例发生了变化，但要求采用白话递增、文言递减的方式来编排选文的思路没变，如1936年颁布的《初级中学国文课程标准》中三个学段的白文比例分别为7∶3、6∶4与5∶5。可见，初一教科书中白话文占绝对优势，而初二、初三则逐渐减少，

① 傅东华、陈望道编辑初级中学用《基本教科书国文》，上海：商务印书馆，1931年版第1册编辑大意第3页。
② 张毕来《语文分科教学回忆》，刘国正主编《我和语文教学》，北京：人民教育出版社，1984年版第126、128页。

这样《红楼梦》集中出现在初一也就不令人奇怪了。

3. 接受篇目的倾向

从这18套教科书中所选的《红楼梦》中的具体篇目来看,写刘老老进大观园的有12套(《刘老老》《凤姐戏弄刘老老》《刘老老醉卧怡红院》),写宝玉题园的有2套(《宝玉题园》《大观园》),写王熙凤的有1套(《王熙凤》),写宝黛爱情的有2套(《林黛玉》),写林黛玉之死的有1套(《林黛玉的死》)。从篇目来看,写刘老老进大观园的占绝对优势,写贾府及大观园奢华的、记宝玉题园的次之,而涉及宝黛爱情的更次。可见,在编者看来,若选作教科书中的课文,从题材上,首先应该选反映"问题"或者含有"趣味"的,而不宜涉及"爱情"。这一方面受"五四"时期教育要宣传"问题"和"主义"等时代思潮的主张的影响有关,另一方面又受传统道德观影响,以及与中小学生的生理、心理发展有关。前文提到,阮真反对《红楼梦》进入教材的原因之一是他认为该书会对学生产生"不良影响"。1922年,周予同在讨论语文教材选择时也涉及了《红楼梦》是否应该选入的问题,他说:"《红楼梦》是问题小说,是有主义、有思想的著名小说,这人人都知道的;但作者的艺术手腕太高,每每引读者化身入大观园,而无暇细细研究他艺术上描写的方法。就我个人的经验说,我从十五岁看《红楼梦》,到现在三次了,没有一次不赔眼泪。去年夏天决意用文学的眼光去看,结果仍是失败。中学第一二年级生正当感情强烈生理心理发生变动的时候,而中国对于性欲教育又太没有研究,能否绝对不发生恶果,确是一个大疑问。"[①]可见,没有人否定《红楼梦》的艺术价值,但是在阅读时人们更容易将其当成"问题"小说和"爱情"小说,从中学生的生理和心理发育水平来说,在性教育不发达的中国过早地让其接触《红楼梦》是不利的。可能正因为如此,他在讨论中学课程设置时又说:"初高中学应该看些什么书?分量和次第应该怎么样支配?就我现在的直觉,我觉得在初级中学提倡看《红楼梦》《西游记》,不如看近人的《点滴》《易卜生集》《隔膜》……总之:这类书都非经过详密的审查不可。"[②]在1923年进行的一项有关中学生性问题的调查中,有人就称一些有性描写的小说是"导淫之媒",因为"此人所得的性欲教育,是从小说来的";有人称读小说"把身体大大地折损了",因为"此人所得的性欲教育,是从淫书——《肉蒲团》——来的"[③]。1925年,有人在分析中学生的心理时说,按照弗洛伊德的理论,"性欲是人类硕大无朋的潜伏势力,外面压力无论如何大,总不能消灭他,他总要寻个出路"。中学生"最欢喜作爱情的诗歌,读爱情的小说,

23

---

① 周予同《对于普通中学国文课程与教材的建议》,《教育杂志》,1922年第十四卷第一号第9页。
② 周予同《新制中学的国文课程》,《教育杂志》,1922年第十四卷号外学制课程研究号第5页。
③ 周调阳《中国学生两性心理之研究》,《心理》,1923年第二卷第三号第28页。

是其明证"。①

这样一来,让小学生读同样有相关描写的《红楼梦》,而有可能使其接受了性方面的启蒙也就更不应该了。如1935年有人在北京一些著名小学所进行的一项关于儿童阅读调查显示,不少小学生喜欢阅读《红楼梦》,对此,调查者认为,"《西游记》里的'盘丝洞',《水浒》里的'潘金莲''潘巧云''阎婆惜',《老残游记》里的'妓女',《红楼梦》里的'贾宝玉初试云雨情'……都足以引起儿童的性的早熟,防碍其身心发展",因为其内容易产生不良影响,文字也不合儿童水平,所以不能"以整个的成人读物,整个的供给儿童读",而应"摘录出来,加以改编"以供儿童阅读。②

上述周予同的《红楼梦》等小说引发中学生性欲之说在当时成了带有一定普遍性的观点,如1927年张文昌在《中学国文教学底几个根本问题和实际问题》中,针对胡适、梁启超所列的中学生必读的国学书目时曾说:"有些太深,实非中学生所能胜任,有些内容太复杂毫未整理,不可阅读。譬如中学生所最喜读的是小说,中国最有名的小说是《红楼梦》,《水浒传》,《儒林外史》,及《三国演义》等等。因为社会鉴赏力不高,往往作者或后人硬凑几段不正当的文字,如描写肉欲与提倡迷信,使一般志力未定的青年读了,不得其益,反蒙其害,虽然你禁止他读,他偏要读,挽救之道首在整理,但现在的人尚少注意及此哩。"③1929年,王森然在其编写的《中学国文教学概要》中认为,教科书"选文内容以合于青年心理及青年境遇为准",他还重复了周予同的观点,他说胡适在《中学国文的教授》中说的:"'明清的白话小说,都是绝好的文学读本'这话我极端的不赞成……就如《水浒》《红楼梦》有主义、有思想的著名小说,因为他的艺术手腕太高,每每引读者化身梁山泊、大观园,而无暇细细研究他艺术上描写的方法;初中第一、二年级的学生,正当感情强烈,生理上心理上发生变动的时期,而中国对于性欲教育又太没有研究,能绝对不发生恶果,确是一个大疑问。"④又如1934年王季思在谈中学国文选材时认为选材"须注意学生之程度年龄及心理",高中方面多读文言、长篇学术文章,初中方面多读白话、短篇,"年龄上也须顾到,如初中一二年级十四五岁的学生,决不宜选关于男女性爱方面的作品给他读。同时,心理方面也须顾到,中等学生身心正在发育,当多选积极的、乐观的、正大的、热情的作品给他们读;不要选过于消极、悲观或颓废的作品,使青年身心都受到不良的影响"。指导学生课外阅读时也应这样,"常

① 张裕卿《中学生的心理》,《新教育》,1925年第十卷第二期第296页。
② 迟受义《儿童读物研究》,《师大月刊》,1936年第二十四期第53页。
③ 张文昌《中学国文教学底几个根本问题和实际问题》,《新教育评论》,1927年第三卷第八期第12页。
④ 王森然编《中学国文教学概要》,上海:商务印书馆,1929年版第101—102页。

见有中学生天分甚好,旧诗也能做;只因没有人指导,他自己便拿《随园诗话》《诗法入门》一类书乱看;有的甚至专看《红楼梦》里《黛玉葬花》一类的诗。自己有时也动手摹仿一二首七绝,五绝,或伤情佻巧的作品;便装出一位少年诗人的样子。不但他的诗永远学不好,便个人的性情也从此日流于佻闷,或消沉,岂不可痛!"①而且,确实有可能对中学生产生不良的影响,如1931年4月有人在回忆自己幼年读书情景时说:"那时(1915年左右——引者)我十四岁,就径只(直)进做初小二年级,到三年级我就去考高小。跟二姑丈时,我从二姑丈处偷读了《红楼梦》,这使十四五岁的我大入于意淫之境,这其间的梦想,难以言语叙说。"②虽然其仍在读小学,但若按年龄则应读初中了。

所以,教科书若要节选《红楼梦》,最好多选其中反映"问题"的部分,而不能选那些反映"爱情"的部分。上表所列的《基本教科书国文》的编者傅东华、陈望道在该书的编辑大意中说:"我们对于教材所含的思想,当然力求其有益于读者的身心,但觉得'国文'教科书,究与'伦理'教科书有别,故有时所取教材,如果目的只在为某种文体或某种技巧示例,那么思想上但取消极的标准——就是以不致发生恶影响为标准。"前文说到,他们认为高小学生阅读《红楼梦》显得有点难,那么初中、高中学生阅读肯定不会难,为什么教科书只选《刘老老》而不选反映宝黛爱情的部分呢?可能还是他们认为如果选了会"发生恶影响"的缘故。我们再以上表所列《开明国文讲义》和《国文百八课》的第一编者夏丏尊对《红楼梦》入选语文教材的处理来说明这个问题。1932年夏丏尊在《关于国文的学习》一文中谈文学鉴赏时提到了《红楼梦》,他特别欣赏的其中的两处描写:一是第5回描写秦可卿卧室那段文字,他说:"把房中陈设写得如此天花乱坠,作者的本意,只是想表出贾家的富丽与秦氏的轻艳而已。"③二是第3回写宝黛初会时宝玉说与黛玉宛如重逢那段文字,他说:"我很赞赏这段文字。因为这一对男女主人公,过去在三生石上赤霞宫中有着那样长久的历史,以后还有许多纠葛,在初会见时,做宝玉的恐怕除了这样说,别无更好的说法的了。故可算得是好文字。可是我对于这几句文字的好处,直到读了数遍以后才发现。(《红楼梦》我曾读过十次以上。)这是玩

① 王季思《中学国文教学之困难及其方法》《江苏教育》,1934年第三卷第五、六期第27、32页。又,王学易《高初中国文教学及部颁新标准之商榷》《励学》,1934年第一卷第二期第129页。)对王森然的说法大加赞赏,并补充道:"我记得去年暑假张怡荪先生在上国文教学研究的课中,也曾说过'宁使学生读荀子的德行,修身篇,和齐书的陆法和传,宋书的范仲淹传,使人读个腐败;也不可教授学生读红楼水浒',张先生的意思,就是说中学生的情绪,正在发动,染苍则苍,染黄则黄,总是以培养正气为宜,不当使其欣赏刺激性过大,如红楼水浒一类的文章,化身到大观园,梁山泊。红楼水浒为害且然,如今世之流行者张资平氏的三角恋爱小说,张竞生氏的性史……其不宜选授学生,更可知了。"
② 李白英《我的读书生涯》《新学生》,1931年第六期第123页。
③ 夏丏尊编《中学各科学习法》,上海:开明书店,1932年版第11页。

味的结果,并不是初读时就知道的。"①但是,他在自己所编的教科书中并没有选录以上两处自己喜欢的文字②,《开明国文讲义》(1934)选的只是《林黛玉进贾府》一回中王熙凤出场那一节,这从其将课文命名为《王熙凤》也可以看出,而《国文百八课》(1935)所选的是林黛玉死之前和紫鹃对话的《黛玉之死》。可见,编者虽不像其他编者那样凸现《红楼梦》所反映的"问题",但也有意回避其中的"爱情"。也可能正因怕学生受其中所写爱情的影响,才会出现他在浙江杭州一师当教员时禁止学生曹聚仁等在课外整本阅读《红楼梦》的事。这18套教科书中也只有《高中国文》和《国文读本》中的《林黛玉》是完全写宝黛爱情的,可能这两本书的编者认为高中生接触爱情话题已无大碍了。

(三)课外阅读时部分校方禁阅而学生普遍痴迷

从课外阅读情况来看,虽然不时有学生以为《红楼梦》是文艺作品,而教员以为是海淫之书并禁止学生阅读的记载,如有人在谈儿童的课外阅读时说:"有人主张把《红楼梦》《今古奇观》等书亦选作课外读物。这类小说,论其文笔,固属上乘,但儿童读之,对于文笔佳处未必能够欣赏,而纯洁的脑海中却留下了一种恶观念;所以得不偿所失,我看还是屏弃不选的好。"③其提出的禁看的理由与上述周予同的相似。1931年,中华儿童教育社的社论称,《红楼梦》中贾宝玉见草木树石就和它们说话的憨态,是一种病态的表现:"贾宝玉固然不是中现代读物的流毒,然而究属神经受病的表现。我们对于天真纯洁的儿童,不能启发他的天才,反诱导神经病理,这是何等的误谬呢。"④不过,《红楼梦》在中小学生的课外阅读中仍占据着重要的位置。这除了《红楼梦》在社会上有良好的口碑之外,应该还与教科书的传播和教师的课堂教学有关,因为教科书"节选《红楼梦》的一段,使学生发生阅读全书的兴趣"⑤。如又有人称:教学"往往会因为一篇文章之讲述,能引起学生读书之兴趣,所谓'引起动机'者是也。讲一篇袁枚《祭妹文》,如能引起学生之共鸣时,一部《随园三十六种》或能使之'韦编三绝';讲一篇曹雪芹《刘老老》如能成功,一部《红楼梦》学生读之亦有废寝忘餐之危险;讲一篇胡适所译之《柏林之围》,能将学生爱好译述作品之兴趣建树起来,亦并非不可能之事"⑥。新学

① 夏丏尊编《中学各科学习法》,上海:开明书店,1932年版第14页。
② 前文说过,他在杭州一师做教员时没收学生所读的《红楼梦》《水浒传》等白话小说。曹聚仁说:"一个提倡白话文的导师,会从我的手中没收我的《水浒传》,几乎是不可信的。"此处,不选这两处文字的唯一可能的原因是他认为这样的文字可作成人读物而不宜作中学课文。虽然,此时白话文学已经成为教科书的主体,但他仍坚持此前所确立的选文标准。可见,他的为人确实有点像他的学生曹聚仁及朋友鲁迅所说的,有点"迂执不通"。曹聚仁著《我与我的世界》,北京:人民文学出版社,1983年版第133、103页。
③ 胡钟瑞《儿童课外阅读指导法》,《教育杂志》,1926年第十八卷第五期第17页。
④ 中华儿童教育社《社言:儿童读物选材的矛盾》,《兴华》,1931年第二十八卷第十五期第2页。
⑤ 王恩华、高玉双《中学国文教学问题》,《师大月刊》,1934年第十期第89页。
⑥ 王国栋《初中国文教学实施之商榷》,《师大月刊》,1935年第二十五期第221页。

制与新标准时期,《红楼梦》被节选作中小学国语、国文教科书中的课文以后,确实引发了学生课外阅读《红楼梦》的兴趣。如1925年第二卷第五期《学生文艺丛刊》上就刊登有山东太县五区公立高小学生朱幻云的诗歌《读石头记吊林黛玉》("清才已自冠群芳,太息红颜命不长。花好却遭风雨妒,香浓易惹蜂蝶狂。阿侬饮恨徒焚稿,公子含情枉断肠。旧馆重游人已渺,空挥涕泪洒潇湘。"),这应该就是阅读全书后而发的感想。1925年,余哲贞在《女学生的课外读物》一文中认为学校应禁止学生课外阅读《红楼梦》。不过,这从侧面也说明了该书在女生中广受欢迎:"她们大部分的课外时间,就我所见到的,实在还送在哀情,言情,侦探等等小说上面……旧的如《红楼》《西厢》《水浒》……朝夕不离,甚或课内也手不释卷——虽然学校的禁令上不论课内外都不准阅览这类书籍。结果呢,大多数顾影自怜,弱不禁风,活活的塑成了一个林黛玉——或其他书中女主人翁的模型。"[1]1930年,一项关于中学生阅读的调查显示,在"旧的文学"中,《红楼梦》排在中学生课外阅读的第一位(总共12人喜欢读,其中7人最爱读),紧随其后的是《水浒》《儒林外史》《西厢》《三国志》《史记》《古文百篇》《花月痕》《三国演义》《七侠五义》《曾文正公书牍》和《古文辞类纂》[2]。阮真认为,可归入"文言语体文"的"《水浒》粗犷,《红楼》柔荏,且多方言,不合选材",国文教科书"不可加入《水浒》《红楼》那种有不良影响或多用方言的旧小说"[3],但是,1930年他在一项中学生课外阅读建议中,还是将《红楼梦》列入初一"可任意选读"的8种书籍中。只是因为怕有可能会对学生产生一些不好的影响,所以将其列在第七位,且标明"(可略读)(坊间有新标点本)",而并没有像对排在第三和第五位的《水浒传》和《三国志演义》那样标明"可略读全书并精读一部分",也没有像对排在第四和第六位的《西游记》和《镜花缘》那样标明"可略读全书"。[4] 1931年,匡亚明在回忆自己求学经历时着重写到了中学年假时读《红楼梦》时的经历和感受:自己曾轻视小说,满脑子装的是圣贤经传,认为小说是"街谈巷议的'君子不屑为之'的卑贱东西";又因为家中藏书"除了《三国志演义》《列国志演义》等几部规矩正经的小说外,找不出一本专谈男女之情的小说","因为对于《红楼梦》,虽然久知其名,但听说那里面全是讲男女间的事情,故从不想去读它"。这一次"也许是好奇心吧,却从朋友那里借了一部来读了。可不得了,这一读之后,把我的人生观,压根儿的翻了一个身! 看到林黛玉临死的一幕,眼泪竟泉涌般的不住地流……对于贾宝玉的

① 余哲贞《女学生的课外读物》,《妇女杂志》,1925年第十一卷第六期第1043页。
② 陈表《中学生读书问题之实际探讨》,《中华教育界》,1930年第十八卷第十一期第81页。
③ 阮真《中学国文教本应如何指示学文途径》,《中华教育界》,1937年第二十五卷第一期第137—138,142页。
④ 阮真《中学生国文课外读书籍选目及研究计划》,《中华教育界》,1930年第十八卷第二期第3页。

出家,也引起我无限的同情……受了《红楼梦》的影响,我在自己的卧室上题了一个'缥缈乡'的名字,而自己也取了一个别号叫'远生'。自从读了《红楼梦》之后,什么圣经贤传,什么哲理玄学,我都起了一种蔑视之心。什么都是一钱不值的东西,世间最伟大的是文学;只有文学! 于是,在十八岁的上半年,《红楼梦》把我引到文学的途上,接着又读了几部旧著,如《西厢记》《琵琶花(记)》及《镜花缘》《儒林外史》……等"。① 还有人直接指出要想学好国文,就要"多读有趣味的小说,如《红楼梦》《儒林外史》《水浒》等,都是很好的语体文"。② 1935 年,有人回忆几年前读中学的情境时说,那时读小说风气很盛,自己读过的新旧小说无数,"有些名字也忘记了,现在追记起来,觉得再没有比看《红楼梦》更热心了。那时期正值学校严厉的取缔小说,而我们还是看,夜里点起蜡烛或是到路灯下面看","因为那时只有一部,多少人依次轮流传换,一个机会蹉过,再难得了"。③ 钱歌川称,中学时爱读《鲁滨孙漂流记》一类的冒险小说,和"描写性爱一类的色情文学。《红楼梦》是在进了专门学校以后才开始读的,以前一页都没有翻过,这是我自己都觉得奇怪的"。④ 姜亮夫则直接以《红楼梦送我出青年时代》为题来写自己对《红楼梦》的痴迷:"偶然间在书架上发现一部《红楼梦》,偶然的翻了几页,不料竟成了整个中学生时代的好伴侣。差不多一个中学时代,不曾离过他。我曾为贾府绘了顶顶详细的世系图,为大观园里的公子小姐们画过像,又费了若干力去想像一个大观园的图模……为钗、探、湘、黛四人画了四张特别大的像,题了些歪诗,作了些详论四人的文章。《葬花词》不必说是读得滥熟,就是零零散散的诗词,也记得不少,也陪过黛玉落泪,也陪过宝玉想思,无所不为,只要想得到。后来是凡关于《红楼梦》的书,都搜了来看。"包括《红楼复梦》《红楼再梦》等续《红楼梦》的作品以及王国维的《红楼梦评论》和蔡元培的《红楼梦索隐》等论著。⑤ 同年,上述在北京孔德小学、师大一附小和二附小、报子胡同小学、师大平民学校等学校进行的儿童课外阅读调查结果也显示,《红楼梦》排在儿童喜欢阅读的"旧小说"的第十位,从 3 年级就开始有学生阅读,其中 3 年级有男生 3 人、女生 1 人,4 年级有男生 1 人、女生 3 人,5 年级有男生 8 人、女生 10 人,6 年级有男生 2 人、女生 19 人,共 47 人⑥。这些都说明在 20 世纪 20 年代中期至 30 年代中期《红楼梦》仍然是高小至一般中学、中等职业学校学生的课外常见的读物了。

① 匡亚明《从空虚到实际》,《读书月刊》,1931 年第一期第 104—105 页。
② 徐庆誉《中学生与国文》,《新学生》,1931 年第一卷第五期第 39 页。
③ 马仲殊《读书不能拿兴趣做大前提》,《青年界》,1935 年第八卷第一期第 42 页。
④ 钱歌川《二十五岁以前所爱读的书》,《青年界》,1935 年第八卷第一期第 53 页。
⑤ 姜亮夫《红楼梦送我出青年时代》,《青年界》,1935 年第八卷第一期第 58—59 页。
⑥ 迟受义《儿童读物研究》,《师大月刊》,1936 年第二十四期第 79 页。

二、解读情况

以上我们分析了《红楼梦》在国语课程标准以及在国语、国文教科书中出现的数量、学段和篇目等等接受情况，其实其所反映的就是课程标准的制定者和国语、国语教科书编者的一种"解读"，只不过这种"解读"不是直接用文字表明的，而是间接无声的。下面，再结合教科书及其教学用书来分析教科书编者对其所作的不同的解读及其结果。广大师生因为多依据这些教科书及其教学用书进行教学，所以其解读结果也可能与之相同。我们按学段来分析不同教科书编者的解读方式及结果。

（一）小学国语、国文教科书中的解读——引起阅读兴趣、思考社会问题的小说

1. 引起阅读兴趣

《刘老老》选作小学国语教材的目的，更多的是以此引起学生的阅读兴趣。如和《新学制国语教科书》(1924)相配套的《新学制国语教授书》(1925)称："本教材是小说，旨趣在滑稽趣味，引人入胜。"所以编者要求学生通过补充想象来欣赏课文，如要求想象"贾母和宝玉等商议赏菊的情形；刘老老和贾母等人的状态；贾母和刘老老带花时的情形；刘老老跌在青苔上的情状；潇湘馆、秋爽斋等处的情景……"及"鸳鸯和凤姐等人的服装态度；凤姐和鸳鸯商议撮弄刘老老时的情形……"还要求学生表演"带菊花"等段落。编者要求学生通过想象和表演以再现这些人、事、物、景，主要是因为编者认为这些记叙描写精当，而值得欣赏体味，在欣赏体味时可增加阅读的兴趣[①]。

2. 思考社会问题

《新学制国语教授书》(1925)的编者认为，《红楼梦》是社会小说，"书中记一贾姓大族的盛衰变迁"。有关刘老老的这几段文字，编者认为，这是"把平民谄媚贵族的情形，和乡村人的态度，描写得淋漓尽致"，"刘老老是熟于世故，工谄媚的人"。例如"刘老老说这头也不知修了……"及"刘老老让出来与贾母众人走……"等语句是写刘老老谄媚贾母，"鸳鸯说天天我们听说……撮弄刘老老"是写鸳鸯谄媚贾母。除此之外，课文展现了"乡村人的态度和口气，并暗写贵族的奢侈"。[②]

与《新学制小学教科书高级国语文读本》(1925)相配套的《高级国语文读本教学

---

① 沈圻编纂，吴研因、朱经农校订小学校高级用《新学制国语教授书》，上海：商务印书馆，1925 年 5 月 9 版第 4 册第 100、95、98 页。

② 沈圻编纂，吴研因、朱经农校订小学校高级用《新学制国语教授书》，上海：商务印书馆，1925 年 5 月 9 版第 4 册第 96、99 页。

法》(魏冰心编辑,世界书局,1925年4月初版第4册)也是从以上两方面来解读《凤姐戏弄刘老老》的:一方面让学生欣赏故事、表演故事,练习语体文的阅读、缩写,揣摩描写人物表情的词句,另一方面也提请学生注意,"富贵之家,对待乡亲,不可存贫富贵贱的阶级观念"。[1]

戴洪恒编辑的《基本教科书高小国语教学法》(商务印书馆,1931年11月初版第4册)对其所编的《基本教科书国语》(1931)中《刘老老》一课所作的教学设计则完全照抄了1925年出版的《新学制国语教授书》中的教学设计,所以也是从以上两方面来解读《刘老老》的。

(二) 初中国语、国文教科书中的解读——或重内容或重形式或二者兼顾

1. 1925—1931:侧重作品内容的分析——讨论妇女、文学问题的凭借

(1) 讨论妇女问题

《新中学教科书初级国语读本》(1925)的编辑大意称"本书所载各文,除从旧说部采录一部分外,概是今人的作品",这些作品要求文质兼美——"一、内容务求适切于现实的人生。二、文章务求富有艺术的价值"。可见,在编者看来,《刘老老》既反映了"现实的人生",又具有"艺术的价值"。这套教科书是按选文的主题或题材来组织单元的,《刘老老》之前的课文是选自《老残游记》中的《济南》,之后的课文是玄庐的新诗《十五娘》和叶绍钧的小说《母》。可见,在编者看来,《刘老老》既是古白话小说的典范,也是反映妇女问题的杰作。

(2) 讨论白话文学问题

在《初中国文》(1929)中,《刘老老》之前的课文是胡适的《文学的方法》、戴传贤(戴季陶)的《白乐天的社会文学》和周作人的《平民的文学》等三篇讨论白话文学的论文,之后的课文是《景阳冈》(选自《水浒传》)。可见,在编者看来,《红楼梦》和《水浒传》都是"平民"的、"白话"的和"社会"的文学的代表,《刘老老》和《景阳冈》就是用来印证前面三篇论文所说的新文学所具有的"平民""白话"和"社会"的基本旨趣和艺术手法,也可让学生在学习白话文学写作的同时,思考白话新文学的建设问题。如《白乐天的社会文学》之后的"问题"为"贫富贵贱苦乐不均的社会,是怎样造成的?文学的感化力,为甚么诗歌和小说最能普遍?现代的作品,甚么是最大缺点?"《平民的文学》之后的"问题"为"贵族文学最大的弊病是甚么?慈善主义,在根本上有甚么害处?现在的著

---

[1] 魏冰心等编辑《高级国语文读本教学法》,上海:世界书局,1925年版第4册第78页。

作家,要负怎样一种责任?"《刘老老》之后的注释称.《红楼梦》"是一部伟大的言情小说……以贾宝玉、林黛玉为书中的主人翁"。可见,编者并不将它当作社会文学,而且也没有在其课后设置一些可引发学生思考的社会问题。该课注释又称:"本篇所描写的是刘老老初进大观园的情形",其课后"问题"为"刘老老初见贾母时,有怎样一种神情?酒席上闹笑话时,又是怎样一种神情?闯进宝玉卧室中时,她的醉态又怎样?"只是就描写手法等来注释词语,设置问题。

2. 1931—1936:侧重形式的分析——学习语文知识的语料,兼作讨论妇女、社会问题的小说和欣赏文学、了解文化的凭借。

(1)学习语文知识的语料

20世纪20年代末、30年代初,人们对这之前的教学侧重课文内容的探讨而忽视形式分析表示不满,认为这违背了语文教育的目的,而学习教科书的选文只有学习了作品形式,才符合语文教育的规律。同时,1932年颁布的《中学国文课程标准》强调应在阅读教学中结合选文讲解作法、语法、修辞等语文知识。如果像以前那样,教科书只由一篇篇的选文组成,那么教师教学时就不知道如何进行形式分析,而只能大谈课文的思想内容。所以,当时出现了多套"知识＋选文"型的教科书。在这些教科书中,也出现了一些节选自《红楼梦》的篇目。

《基本教科书国文》(1931)就是这类教科书中的代表,其每篇选文后均加"注释与说明""文法与修辞"和"练习"等三项内容。"说明",就是将文学常识和文法知识分散于其中介绍。编者认为,"这些说明虽然散在各篇,合之自成系统,便是把一部文学概论和作文论分散开来,具体地灌输给学生知道。此外,我们相信这样的说明,还可以代替旧式国文选本中那种眉批和总评的地位"。"文法与修辞",就是将文法、修辞"混合在读本里",以选文为例来说明其规则,当然又"求保持文法和修辞学各个本身的系统,所以也同说明的部份(分)一样,虽然分散在各篇之后,合起来自能成为一部系统的文法和一部系统的修辞学"。"练习",就是就"注释与说明"和"文法与修辞"所介绍的知识,并结合课文来设置问题。这样一来,《刘老老》就成了解说各种语文知识的例子。其"注释与说明"称《红楼梦》是"中国第一部著名小说",而其"著名"之处主要是能体现以上各种语文知识。例如,《刘老老》(一)的"注释与说明"称有关刘老老的直接和间接描写很好地表现了小说里的描写和传记里的描写的差别。其"文法与修辞"称"桌案""丫鬟""姊妹"和"花儿"等词语恰当地表现了白话文中的"复音名词"的四种构成方式。其课后并没有一点内容涉及作品的思想内容。

《开明国文读本》(1932)的编辑大意称:"本书选材,第一、二册注重于文章之体裁。"编者将《宝玉题园》和《明湖居听书》放在一起,可能是让学生比较白话小说的体裁特征。虽然该书课后没有知识短文,不过据编辑大意,可知编者仍然主要视其为学习语文知识的语料——"本书另有参考书六册,专供读者自习及教师参考之用,说明文章之内容、体裁,选集之来历,作者之生平及诠释疑难之字义、语句外,更特别注重于文法之词性、词位,造句、作文之方式,文言文与语体文之比较,修辞学上之组织法、藻饰法,文体之分类、比较及文学批评概略,文学史概略等,均就已读各文采取例证,详为指陈,兼多列习问以为实习之材料。更采取与本文有关系之他篇文字,择尤排比,以备参证"。可见,《宝玉题园》主要是作为学习语文知识的例证而已,而且这种知识介绍十分详尽,所以编者接着说,"因材料过多,且恐读者分心,故别成专册,不附入本书之内"。与之配套的《开明国文读本参考书》(1933)先逐一解说层级,并总结道:"如此琐屑的经过,经这样层次井然的写述,读的人便恍如身历其境了。"然后用课文中的语句解说形容词用作"述语"和"补足语"。最后有四个"习问":"一、形容词作补足语用的,与直接作述语用的有何分别? 二、试在前读各文中寻出形容词(或形容语)用作补足语的例子来。三、试将《宝玉题园》节约为一短篇。四、就《宝玉题园》所叙述到的园林处所,试构作一简图。"①如果教师依据这套参考书来教学,必然会大讲特讲《宝玉题园》形式方面的知识。

《开明国文讲义》(1934)的编辑大意称:第一、二册"注重在文章的类别和写作的技术方面","每隔开四篇选文有一篇文话,用谈话式的体裁,述说关于文章的写作、欣赏种种方面的项目,比较起寻常的'读书法''作文法'来,又活泼,又精密,读了自然会发生兴味,得到实益"。"每隔开四篇选文有一篇关于文法的讲话。文法完了以后,接着讲修辞。""文话、文法等的后面附着练习的题目,有的是属于测验性质的,有的是待读者自己去发展思考能力的,逐一练习过后,不但对于选文和讲话可以有进一步的理解,并且可以左右逢源,发见独自的心得。"第1册中的《王熙凤》自然就是用来解释作法、文法、修辞等材料了。《王熙凤》和《美猴王》《小雨点》《卖汽水的人》一组文章后的"文话"为"叙述文""记述文叙述文的混合""描写"和"拟人的写作法"。就《王熙凤》来说,主要被用来说明"描写"法和"拟人的写作法",如编者就此解说道②:

　　又试取《王熙凤》一篇来看,这是叙述文。且不要把它作小说看,只算真有王

---

① 王伯祥编《开明国文读本参考书》,上海:开明书店,1933 年版第 2 册第 76—77 页。
② 夏丏尊、叶圣陶等编《开明国文讲义》,上海:开明书店,1934 年版第 1 册第 34、36 页。

熙凤这样一个人,她出来迎客,作者就把这一回事写成这样一篇文字。若叫别人叙述这一回事,必然也要说到她怎样出来,怎样和客人及其他的人攀谈;决不会绝然不同,说她独自在房内做针线或者算什么帐(账)目。但是,作叙述文并不一定要把事情的经过一丝不遗地写下来,往往取用了若干部分,就舍去其余的部分(这一层以后再详说)。这一取一舍中间,几个作者叙述同一的事情会写成各不相同的文字。即就王熙凤与别人攀谈这一点说,《红楼梦》的作者写成现在这样子,而在另一作者,也许以为有些对话无关重要,竟舍去不写。叙述同一事情的几篇叙述文,为什么大纲必然相同,而部分的取舍并没一定呢?

在着手描写之前,作者对于那个人的性情品质必已有所觉知。王熙凤这个人是作者创造出来的,她的性情品格当然也由作者创造……作者就依据创造停当的……着手作描写的工夫。材料的取舍也就有了标准。凡可以描写出那人的性情品格的都有用;否则便是无关紧要的材料,不妨舍去。

《王熙凤》的作者创造王熙凤这个人,给与她活泼、机警、干练、好胜等特性。他叙述她出来迎客,处处着力在表示她的特性。开头记她的打扮,就使人知道她是一个很爱修饰的人。又从贾母口里说出了对于她的评语“泼辣货”,就使人知道她又是一个十分干练的人。以下他让她在场面上活动。先是她替黛玉的境况悲伤;一听到贾母责备,立刻“转悲为喜”,说着使人开颜的辩解话;一转便转到对于黛玉的诸般体贴;随又叙起放月钱,找缎子;最后她说已经预备下了衣料,等一会送来,仍归结到体贴黛玉;这样,使读到这篇文字的人宛如看见一个活泼、机警、干练、好胜的妇人,并且听到她的伶俐的口吻。

从以上三段“文话”中可以看出,编者之所以节选《林黛玉进贾府》中有关王熙凤出场前后的文字,是因为这段文字最能体现写人时应注意取舍材料并通过各种方法写出人物性格的要求。可见,《王熙凤》主要是用来介绍写作知识的一个例子而已。例如“文话”之后的“练习”就是“试自拟一题(一些事情)作一篇叙述文,依着事情进行的次第顺序进行”。

《国文百八课》(1935)是在《开明国文讲义》等基础上编写而成的。其编辑大意称:“本书选文力求各体匀称,不偏于某一种类,某一作家。内容方面亦务取旨趣纯正有益于青年的身心修养的。惟运用上注重于形式,对于文章体制、文句格式、写作技术、鉴赏方法等,讨究不厌详细。”换言之,本书“是一部侧重文章形式的书,所选取的文章虽也顾到内容的纯正和性质的变化,但文章的处置全从形式上着眼"。①《林黛玉的死》为其第 2 册第 18 课。该课由《林黛玉的死》和《词四首》两篇文选组成,文选前的文话为"背景","背景"介绍了写作时如何运用正面和反面衬托之法。可见,《林黛玉的死》只是学习衬托法的例子而已。文选之后的第一个"习问"为"那些是写背景的部分? 其中有属于反衬的吗?""习问"中的五个问题全部是有关读写方面的知识,没有一个涉及选文的内容。

(2) 讨论妇女、社会问题的小说

在《初中三年级国文读本》(1932)中,《刘老老》前后的课文分别是《三十自述》(梁启超)和《我的母亲订婚》(胡适),这两篇课文均写到作者的母亲。可见,在编者看来,《刘老老》与之相关,且是反映老年妇女问题的几段文字。

《初中师范教科书初中国文》(1933)的编辑大意称该书选文标准有四点:"1. 内容充实,具有深刻意义,真挚情感者。2. 形式完美,具有文学价值者。3. 切近社会实际生活,合于现代思潮者。4. 适合初中程度,易于引起兴趣者。"可见,文学作品能否入选,首先是看其内容是否"具有深刻意义"且"切近社会实际生活",其次才考虑其文学成就。其选入的《刘老老》一文应该完全符合这四条标准。这从编者在课后注释中对曹雪芹和《红楼梦》的介绍也可以看出,如编者介绍了曹雪芹从锦衣玉食到绳床瓦灶的生活经历,并指出"《红楼梦》是他作的一部人情小说。亦名《石头记》,共百二十回。叙贾府盛衰及其间儿女情事。描写的细腻、美妙,在旧日小说中堪推独步"。

《实验初中国文读本》(1935)的编辑大意称:"第三阶段用时代编制法,一则由今溯古而以社会问题为中心;一则由古及今而以文学系统为线索。"属于"第三阶段"的第 5 册选入了《大观园》。编者还将其和《真州东园记》(欧阳修)、《晏婴辞宅》(左丘明)组成一个单元。显然,这不是以"文学系统"为线索,而是以"社会问题"为中心。这三篇课文均与宅院有关,是否为了讨论建筑问题? 大概是,因为其"第五册编选说明"称该文属于"社会问题"中的"居住"问题。

(3) 欣赏文学和了解文化的凭借

《初中国文选本》(1933)中的《刘老老醉卧怡红院》与选自《儒林外史》的《荆元》同属一个单元。两篇课文都是写人记事的近古白话小说。课后没有知识短文或习题。另外,从目前所见的与其配套用书《初中国文选本注解》(崔新民等编,立达书局 1933

① 夏丏尊、叶圣陶《关于〈国文百八课〉》,中央教育科学研究所编《叶圣陶语文教育论集(上册)》,北京:教育科学出版社,1980 年版第 177 页。

年版)的第 1 册来看,每课的注解分成"著者传略"(含"译者传略")和词语"注释"两部分,与上述《开明国文读本参考书》的编辑旨趣明显不同。《初中国文选本》的编辑大意称,本册选文在于"养成阅读书籍之习惯与欣赏文艺之兴趣"。可见,这篇选文除了训练学生一般记叙文的读写能力外,就是培养其欣赏文艺的兴趣和能力。换句话说,选文主要作欣赏文艺的凭借。1931、1932 年"九·一八""一·二八"事变爆发后,面对日本帝国主义的侵略,民族主义高涨,所以 1932、1936 年颁布的《中学国文课程标准》均要求保存固有文化,因为这是一个民族存在的重要表征。

《标准国文选》(1935)的编辑大意称:其选文"对于奋发民族精神,灌输爱国思想,发扬固有文化,无不尽情发挥"。书中的《刘老老》一课和《景阳冈》《明湖居听书》被安排在一"组"。可见,作者认为《水浒传》《红楼梦》和《老残游记》这三本小说是我国白话小说的代表,且应该让中学生阅读了解。

(4)欣赏文学和学习语文知识的凭借

《复兴初级中学教科书国文》(1933)的编辑大意称,其选文标准为"体裁风格堪为模范",且选择时"尽量采取新颖之作品"。所以,这套教科书中的选文以文学作品为主,就像王恩华在《国难后中等学校国文选本书目提要》中所说的,"本书选材以文学作品为主,如第一册卷首以诗歌——周作人《画家》起,以艺术欣赏为学习之出发点。此种编法,实创偏重文艺教育之先例"。[①]《刘老老》之后是选自《儒林外史》的《马二先生》,二者同属有趣的白话小说。编辑大意称,每课之后的"暗示"为"诱导学生对于教材内容作分析,综合,比较之研究,期使获得透澈之了解及深入之欣赏"。《刘老老》(二)后所附的"暗示"问:"这篇写的刘老老和上篇写的有冲突的地方没有? 如果你要用一句话来形容刘老老,你该说她是一个怎么样的人?"除了当成文学作品来欣赏外,还将其作介绍语文知识的凭借。课后是"习作",主要是从课文中选取语料,分析"句的附加成分"这项语文知识,如编辑大意所称:"本书习作各课,依新标准实施方法关于习作各项之规定,供给语法文法及文章作法之教学及练习材料,以两者更互穿插,并依精读教材之程度及性质排列之。其所引举之例解,在可能范围尽量由已读教材中搜取。"

从初中国语、国文教科书的编者对其解读来看,虽然解读方式多样,不过将其作为介绍语文知识的材料的占绝对多数,其中就有 4 套作如此解读。

(三)高中国文教科书中的解读——印证文学史的例文

《高中国文》(1930)的编辑大意称:选录《林黛玉》的第 2 册主要是用来研究"文章

---

① 王恩华《国难后中等学校国文选本书目提要》,国立北平师范大学《师大月刊》,1934 年三十二周年纪念专号第 10 页。

和时代的关系",以让学生形成文学史的观念。本册将选文分成"散文"和"律文"两类,并分别按"中古""近古"和"近世"三个时段从古至今分别介绍,介绍时先通过知识短文介绍这一时段的文学发展情况以及重要的作家作品。如编者在介绍清代小说时称:"《花月痕》的作者魏子安,《老残游记》的作者刘鹗,《文明小史》的作者李宝嘉,《九命奇冤》的作者吴沃尧,都是清代末期的小说家。他们所叙的男女恋爱和讽刺社会,虽有很好的描写,究竟不及《红楼梦》、《儒林外史》、《镜花缘》诸书,其余更是卑卑不作足道了!"所以他选录了三篇分别出自他在简介中所赞赏的三本小说中的片段——《林黛玉》《王冕》和《骆红蕖打虎》。显然,作者是把《红楼梦》当成爱情小说。另外,前文也提到,阅读爱情小说所产生的负面影响,对于生理、心理都已差不多发育成熟的高中生来说不会太大,所以他所选择的也是反映宝黛爱情的《林黛玉》。可见,选入此文的目的是让学生了解《红楼梦》在描写爱情方面的高超艺术。

《国文读本》(1934)的第 2 册(下)按文体分组,其第 17、18 组为宋诗词,第 19 组为宋散文,第 20 组为元散曲和杂剧,第 21 组为明清散文、小说,第 22 组为明清戏曲和诗歌,第 23 组为明清应用文,第 24 组为明清词,第 25 组为现代文学革命的论著。从本册编排方式来看,就是让学生在学习这些作品时形成文学史的观念,其所选作品也最能反映某一时段的文学成就和风貌。教科书中的《林黛玉》选自《红楼梦》,可见,编者视其为明清小说的代表;《林黛玉》选取的是宝黛初会和黛玉葬花两节文字,可见编者视《红楼梦》为伟大的爱情小说。

第四节 1937—1949:革命文学教育兴盛期

随着白话新文学创作的日趋繁荣,国人对传统白话小说观念的根本转变,及一些著名学者对《红楼梦》的潜心研究,到了 20 世纪 30 年代末及 40 年代,整个社会均给予《红楼梦》很高的评价。如有人说,"《红楼梦》,的确是超凡入圣的作品,无怪近人崇尚白话文的尊之为'红学'",其实也有必要梳理"前人关于《红楼梦》的读法,以及评述"的文字以建构一个"红史"[①]。不过,1937 年之后,虽然《红楼梦》在学生的课外阅读中仍广受欢迎,但是因为形势的变化而使其在国定教科书中遭遇了排斥,所以呈现出天壤之别的接受境遇。

[①] 冯柳堂《红楼梦的读法》,《天下》,1943 年第一卷第三期第 6 页。

一、在国定教科书中受排斥：不合形势需要

1937年，国民政府教育部准备实行教科书国定制，不再实行民间书局编写而经由教育部审批的审定制，所以新出版的教科书版本数量骤减。又因为当年"七七事变"爆发，国民政府无力出版新编的教科书，所以各书局又将以前编写的教科书重印发行。国编的教科书小学有国立编译馆主编的《初小国语常识课本》(1946年，七家联合处版)、教育总署编审会著的《初中国文》(著者自刊，1938—1941年版)和《高中国文》(著者自刊，1939—1941年版)以及国立编译馆主编，徐世璜编辑，金兆梓等校《初级中学国文甲编》(中华书局，1947年版)等4套。目前所见的1937—1949年间出版的教科书中出现《红楼梦》选篇的只有以下3套。

编者	教科书名称	篇名	来源	年级、册次	出版社	时间、版次
中等教育研究会	高中国文	刘老老	"本篇节自《红楼梦》第四十回"	高中第6册	华北书局	1938年3月出版
教育总署编审会	高中国文	刘老老	"本篇节自《红楼梦》第四十回"	高中第6册	著者自刊	1939年12月订正出版
宋文翰、张文治	新编高中国文	刘老老	"本篇节录《红楼梦》第四十回"	高中第6册	中华书局	1946年8月10版

这三种教科书对《刘老老》的解读方式完全相同。中等教育研究会编纂的《高中国文》(1938)的编辑大意称："高级中学三学年国文科精读及讲授文章法则之用。""本书选材，顺文学史发展之次第，由古代以至现代，选取各时代中主要作家之代表作品，使学生对于文学源流及其发展得一有系统之概念。"从整套教科书来看，绝大多数为纯美的文学经典，而且实际上并非用于讲解体裁等形式方面的知识，而是作为了解文学史知识和欣赏文学之用，就如其编辑大意所说的，"于顺时代之中，并设法使论说与记叙、诗歌与散文，互相间错，以免板重、单调，而增进教学之兴趣与效率"。《刘老老》之前的课文为《复鲁絜非书》(姚鼐)和《古文十弊》(章学诚)，之后的课文为《高要县》(吴敬梓)和《释三九》(汪中)，均是不同文体的文学或文章"经典"。课后没有语文知识的解说或问题，只有"题解""作者略历"和"注释"等三项内容。在"题解"中编者指出：《红楼梦》为清代长篇小说之最有名者。全书叙一富于感情，生于绮罗丛中之少年及十数富于感情女子之故事。刻画世故人情，惟妙惟肖。""注释"对黛玉、宝玉的介绍均涉及其之间的情感。可见，作者认为《红楼梦》是一部爱情小说，这和此前有些教科书编者将其视为写贾府盛衰的社会问题小说不同。另外，对刘老老也充满着同情，如其"题解"写道：

"刘老老，王狗儿之岳母，年老而寡，又无后嗣，依婿为活……狗儿种田为业，因生计穷困，尝烦岳母刘老老至贾府求助。"而且，认为《刘老老》的主旨为"借刘老老以见贾家盛时之逸乐生活及大观园之胜概"。其"注释"中对王熙凤的评价也和此前编者的评价不同，如认为她"艳而多才，掌理荣国府家政，又慧黠好诙谐，颇得贾母欢（心）"。

前文提到，中等教育研究会编纂的《高中国文》在 1938 年 3 月就已出版，这说明其实际编纂时间可能在 1937 年之前。1937 年 2 月出版的宋文翰、张文治编的《新编高中国文》的第 1 册的篇目、选文编排及课后的"解题""作者略历"以及"注释"等与 1938 年 3 月出版的中等教育研究会编纂的《高中国文》的第 1 册完全相同。中等教育研究会编纂的《高中国文》和教育总署编审会著的《高中国文》也没有多大差别，后者只是在前者的基础上对篇目略作增删。上表所列的《新编高中国文》在 1946 年 8 月出版的第 10 版第 6 册与 1938 年 3 月出版的中等教育研究会编纂的《高中国文》的第 6 册在前述几方面也完全相同。合理的解释应该是，宋文翰、张文治编出并由中华书局出版不久，国民政府就准备实行国定制，所以就让中华书局出让该书的版权给中等教育研究会，而教育总署编审会因为没有编出国定教科书，所以又购买了中等教育研究会编纂的《高中国文》的版权以救急。也就是说，《新编高中国文》的第 6 册最初可能出版于 1937 或 1938 年，之所以于 1946 年重印宋文翰、张文治编的《新编高中国文》主要是因为当时中华书局于抗战结束后实力恢复，而且试图抵制教科书国定制而做出的行为。这样来看，这三种书实际上是一种书，而且最初由中华书局出版的时间可能在抗战全面爆发前后。可见，这几套书实际上所体现的是 1937 年之前民编教科书的思想。换句话说，1937 年之后官方并不支持《红楼梦》进入中小学国语、国文教科书。其实，这并不奇怪，因为在抗战面前学生需要学习的是能引起同仇敌忾的、反映民族主义思想的文学作品。如 1936 年初，有人就明确指出国文教育要以国防为中心，"语言文字本来是民族构成的一种要素，也就是民族精神与文化之所寄。中学的国文教学不仅要把国文当作一种工具，并且要在教学过程之中发扬爱国的情绪。现在一般青年往往喜欢阅读消遣性质的，鸳鸯蝴蝶派的，或是柔靡的，悲观的文艺，养成萎靡不振的风气，实应深戒"，在"国防中心的国文教学"中，"选读范文应以发扬民族精神，激起爱国热情的散文或诗词为主，尤应切合于当前的需要。若现今一般中学生喜读的《滕王阁序》《吊古战场文》之类，即使文辞并茂，也应当舍弃"。[①] 早在 1924 年，国家主义思潮兴盛时期，就有人在《中国人崇尚"文弱美"的心理》一文中指出，读《红楼梦》不利于民族健康心理的建设：

---

① 章育才《国防中心的中学教育》，《教与学》，1936 年第一卷第七期第 133 页。

"在现代的文学里,融人心境而魔力最大的便是要推曹雪芹底《红楼梦》了。"但是其主人公贾宝玉不过是一个温文尔雅的文弱书生,林黛玉一个体态瘦削、体质极差的病美人。国人这种以弱为美的心理,"不是一种灭族的象征吗? 又何怪乎受帝国主义资本制度的国家底轻视,压迫,目为病夫",争读《红楼梦》"这种病态心理的文学,以致养成一班萎靡不振的国民"。① 又如1931年"九·一八"事变爆发后,阅读《红楼梦》更有可能会被视为不利于抵抗日本侵略的行为,当年湖南省教育厅就称,为了抗日,"教授国文应注意:一、多选择关于反日或足以激发爱国情感之文字,作为教材;二、多出关于爱国及反日之作文题目;三、鼓励学生作反日文字向各报发表,或编印小册子及刊物;四、除关于爱国侠义一类小说,准许学生阅读外,凡一切浪漫淫荡小说,概行禁阅"②。在抗战期间,《红楼梦》虽然仍被认为是百科全书式的经典,且不能完全和鸳鸯蝴蝶派的小说等同,但是书中没有明显的反对异族入侵的内容,更何况这又是一部爱情小说,在民族真正处于危亡的关头,在真枪实弹的战争面前,需要的是奋发向上的、不屈不挠的意志和一致对外的斗争精神,而不是儿女情长和内部争斗,所以在《初小国语常识课本》和《初级中学国文甲编》等真正国定教科书中出现的都是些古代民族英雄的文学作品和当时党政要员的文章,而没见可纳入"消遣性质"且易引发"'文弱美'心理",性质"浪漫"且涉嫌"淫荡"的小说《红楼梦》的踪迹。

二、在语文教育学者间被论争:是否符合学生需要

前面提到,阮真曾反对《红楼梦》进入中小学国语、国文教科书。早在1929年,他在《中学国文校外阅读研究》一书中谈教科书选材时说③:

　　我所着眼的是学生,所以主张选择教材要注意学生的时间与精力的经济。要使学生的阅读用力少而成功大,费时省而收效宏,便不能不注意到某种教材在教

---

① 成美《中国人崇尚"文弱美"的心理》,《晨报副刊》,1924年第179期。1939年,丁秀君在《抗战建国中女子教育的趋向》《新教育旬刊》,1939年第十二期第10页)中对国人病态美的心理大加批判,认为抗战期间女子要注意体育锻炼养成健壮的体魄:"女子为次代国民之母,母体强,则次代国民强,可是国人对于女子美的品评,向以病态美为美中之尤者,一部分女子,因依赖他人为生,为博取美的好誉而见喜于人,常不惜自己摧残健康以求美,致弱不胜衣,全无生气……影响整个民族国家的前途。这种错误,急应纠正。要知道敌国民族之所以有今天的健壮,完全是注重女子体育训练的结果。我们现在既担负抗战建国两重责任,于此尤应注意,要晓得健康的精神,寓于健康的身体中……女子健康与民族生命的永续和繁荣,既至为密切,自更不容忽视。"
② 舒新成《为日本暴行敬告教育界》,《安徽教育》,1931年第九期"抗日救国"专号第28页。
③ 阮真《中学国文校外阅读研究》,上海:民智书局,1929年版第60—61页。

学上能发若何的功效。我所着眼的是学生，所以根据客观的学生去鉴别教材，决不拿主观的我见去鉴别教材。我所着眼的是学生，所以要从学生和教材两者中间发生的关系上着想，决不单从书籍上着想。凡是某种书籍为国学的门径，某种书籍为国故的宝库，某种书籍为学术的源流，某种书籍为文学的代表，都不是我所着眼的了。因为我知道某种书籍尽管是门径，宝库，源流，代表，而学生读了没有功效，不能得到益处是枉然的；学生没有能力时间去读，也是枉然的；而且学生对于书籍内容，没有判别的能力，只是囫囵吞枣的去读是很危险的。

可见，虽然《红楼梦》是文学的"代表"，但是因为学生"没有判别的能力"，尤其是对于其中所表达的爱情观念可能会全盘接受[①]，对其中的方言可能会不加甄别而模仿，就会产生"不良影响"进而发生"危险"，所以就像我们在前文所提到的，1937年底他就明确反对用《红楼梦》作为初中国文教材。更何况，"学生读了《景阳冈》和《林冲》（皆坊间中学国文教本从《水浒传》节取的教材），读了《刘老老进大观园》和《黛玉的死》（皆坊间教本从《红楼梦》节取的教材）之后，总会有翻一翻《水浒传》和《红楼梦》的欲望"。[②] 1940年，余冠英发表了和阮真相似的观点，他认为，古白话有胜过今白话的地方，不过有些地方是"阑入那些'贫'气的和夹杂方言的"，而当时仍在出版的1937年编写的教科书中的课文，"古白话多选元曲，和《水浒传》《三国演义》《红楼梦》《镜花缘》《儿女英雄传》《儒林外史》《老残游记》等书。除《镜花缘》和《三国演义》可不选外，其余都还适当"。[③] 1948年，龚启昌在探讨中学国文教科书选材时也说："目下要选能作为学生范本的适当的语体文，确是一件不容易的事。古白话文中，固有不少可选的材料，如《水浒传》《红楼梦》《老残游记》《儒林外史》等书是最上乘的古白话文，但中间不免有夹杂文言以及当时大众口语之处，选作为学生范本时，还得留意。"[④]

不过，有人的看法与之相反，例如浦江清认为中学国文程度低落的一个重要原因是教科书出了问题，所以教科书要重新编选："初中的学生在爱读小说的时代，语体文

① 1940年，艾子在《青年与性欲》（《大陆》，1940年第一卷第三期第94页。）中认为林黛玉和贾宝玉之间是纯粹的爱情而非欲望：翻开《红楼梦》来看看贾宝玉和林黛玉是中国几千年来觉醒的恋爱。反之像薛蟠、凤姐还是肉欲的享乐者吧！1941年，尤墨君在《一个高中国文教学上的问题》（《江苏教育》，1941年第三卷第六期第29页。）中说：高中"是一个喜结交异性，引以自慰的时期。学校里的训育，原是要全体教师共同负责的，而学子所读的国文，又在在与他们的品性健康有关；那末我们做国文教师的又将如何因势利导，把青年的种种矛盾调和一下呢？……不善读《红楼梦》的，为什么人人想做贾宝玉或林黛玉！这就是负有教学重任者的前车"。显然，他认为读《红楼梦》不当会影响训育的实施。
② 余冠英《坊间中学国文教科书中白话文教材之批评》，《国文月刊》，1942年第十七期第22页。1937年第三十二期《师大月刊》登载了北师大四年级学生王国栋的《国文教学上两个实际问题的探讨》一文，作者讨论的第二个问题是中学生的课外阅读，他分别列出了从初一到高三的推荐阅读书目，《红楼梦》（亚东版）到高三时才推荐阅读，不过被列在推荐阅读书目的第一位。
③ 余冠英《坊间中学国文教科书中白话文教材之批评》，《国文月刊》，1942年第十七期第20页。
④ 龚启昌《中学国文教学问题之检讨》，《教育杂志》，1948年第三十二卷第九号第38页。

教本之一,可选宋元以来白话小说的菁华,从《京本通俗小说》《水浒传》《儒林外史》《红楼梦》《镜花缘》《儿女英雄传》《老残游记》等约略十部书里选出合于初中学生的口味的部分来编成一个教本(可分上下两册,适用于初中一,初中二),使读者能了解旧式白话文,获得丰富的词汇。古白话文的好处是干脆爽利,因为没有参杂欧化句调,这种文章可以读来作写现代白话文的'底子'。"①

三、在学生课外阅读中受欢迎:位于经典排行榜的前列

1938 年 6 月初,在东北、西北、西南边疆 14 个省 110 名中学生的阅读调查显示,《红楼梦》《西厢记》等都是中学生喜欢阅读的中国文学作品。②

1940 年,心理学家龚启昌进行过一项"我国中学生的一般阅读兴趣"的调查,他调查了重庆、成都和贵阳三地初高中 807 名学生的课外阅读倾向。调查发现:"《红楼梦》一书在初一就发现,到了高中,位置渐渐提高。"从初三开始,《红楼梦》进入学生喜欢阅读的书籍的前十位:在初三年级中列第七位,70 人(男 40、女 30)中,喜欢阅读的有 28 人(男 14、女 14);在高一年级中列第二位,173 人(男 110、女 63)中,喜欢阅读的有 39 人(男 30、女 9);在高二年级中列第七位,134 人(男 110、女 24)中喜欢阅读的有 20 人(男 18、女 2);在高三年级列第二位,27 人(男 20、女 7)中,喜欢阅读的有 7 人(男 4、女 3)。③ 从其统计结果来看,除了他所指出的越到中学高年级,学生阅读《红楼梦》的兴趣越浓厚之外,我们从其所列的男女人数中还发现,中学男生比女生更爱阅读《红楼梦》。

1944 年春天,李之朴在陕西、甘肃、四川等 7 省 26 所中学 319 名男女学生中进行过一项阅读兴趣的调查,发现《红楼梦》位列中学生爱读书籍的第六位(第一至五位是《家》《中国之命运》《春》《三国演义》《秋》,第七至十位是《呐喊》《冰心全集》《水浒》《爱的教育》),其中初中有 8 人,占初中被调查人数的 4.26%;高中有 9 人,占高中被调查人数的 6.87%;总共有 17 人,占被调查对象总数的 5.33%。可见,学生课外喜欢阅读《红楼梦》,"初高中学生因为生活经验的不同,因为程度的不同,因为身心发展的不同,所以在阅读方面亦常常有显然的差异……高中学生对于爱情的书籍,如《红楼梦》《西厢记》《少年维特之烦恼》等……皆较初中阅读人数的百分比为高"。④

---

① 浦江清《论中学国文》,《国文月刊》,1940 年第一卷第三期第 11 页。
② 曹梦樵《边省青年阅读兴趣之蠡测》,《边声月刊》,1938 年第一卷第二期第 19 页。
③ 龚启昌《中学生的阅读兴趣》,《教育通讯》,1940 年 11 月 30 日第三卷第四十六期第 6—7 页。
④ 李之朴《中学生课外阅读的分析》,《中华教育界》,1947 年复刊第十一期第 19—20 页。

虽然学生课外喜欢阅读《红楼梦》,语文教育研究者的态度颇为不同,有人竭力反对,如1941年蒋伯潜在其所著的《中学国文教学法》中谈"读物底选编"时说:"小说,无论新旧,无论文言语体,无论长篇短篇,作者原不是为现代的初中中学生而作,更不是预备作国文科课外读物的,如何能适合他们底需要呢?何况如《水浒传》《红楼梦》《茶花女》,以及新的译作创作的小说,所写的事实,有许多不适于情窦初开的青年,所以要从小说中选取适当的课外读物,实在是一件难事。"①可见,他认为《红楼梦》中涉及爱情的内容不适合中学生阅读。有人认为课内可节选,课外则应略读,如1942年叶苍岑说:"譬如《水浒传》和《红楼梦》,在某一些人可视为精读书籍,而在中学生虽然也可以节取其中某几段作为精读教材,但就全书来说,只能选作略读书籍,是很显然的。"②有人认为中学生阅读《红楼梦》时需要指导,如1947年上述从事过关于中学生阅读兴趣调查的龚启昌在《中文阅读心理研究之现阶段》一文中说,他7年前的调查表明"旧小说在各年级仍很占势力,《三国》占首位,次为《水浒》《红楼梦》,到了高中位置渐渐提高",所以"教师应当注意阅读的指导。例如《水浒》《红楼梦》等书,应指导学生能如何去欣赏他们在文艺上的价值"。③ 也就是说,既然学生喜欢阅读《红楼梦》,那么就应该引导而不是制止,引导学生关注其艺术而不是其中的爱情。

以上梳理、分析了《红楼梦》这部经典名著在清末民国近半个世纪的语文教育中的接受情况,因为受文化、政治、文学和教育思潮的变化等因素的影响,它在中小学语文教育中的地位也大起大落。在各种势力的博弈中,它的命运可用《红楼梦》中的一句话来形容,即"不是东风压倒西风,就是西风压倒东风"。另外,一篇文学文本只是自然文本,一旦进入教科书就变成了教学文本。作为自然文本,可能仅是供获取信息的文本或作文学研究的对象,作为教学文本又因为不同学段的教学目的不同、不同编者对其认识不同,编者所呈现出来的解读结果也会不同;又因为经典文本本身是一个充满着空白点和未定性的空框结构,而文本所承担的教学功能以及编者的知识水平、解读角度的不同,所以解读结果也不同,正如鲁迅所说,《红楼梦》"单是命意,就因读者的眼光而有种种:经学家看见《易》,道学家看见淫,才子看见缠绵,革命家看见排满,流言家看见宫闱秘事……"④

① 蒋伯潜著《中学国文教学法》,昆明:中华书局,1941年版第138页。
② 叶苍岑《对中学新生谈国文学习》,《国文杂志》,第一卷第二期第23页。
③ 龚启昌《中文阅读心理研究之现阶段》,《教育杂志》,1947年第三十二卷第三号第44、45页。
④ 鲁迅著《鲁迅杂文全集》,郑州:河南人民出版社,1994年版第1020页。

第二章

《红楼梦》与建国后文革后
语文教育（1949—1979）

1949—1979 年,《红楼梦》在中小学语文教育中的接受进入了一个新的阶段,和其在 20 世纪前期在语文教育中的接受不同的是,其在小学语文教科书中并没有出现,在 1950 年代中后期及 1970 年代中后期则集中出现在中学语文教科书中。未出现在小学语文教科书中,最大的可能是因为编者认为《红楼梦》内容过深而不易被儿童理解。其在中学在某个时期是否被接受,编者如何做阐释,又与各时期的政治形势、文艺思潮、教育宗旨息息相关。本章结合这些因素,以各时期教科书为主要研究材料,兼顾其他教学参考资料,梳理这些材料对《红楼梦》的基本评价、节选的内容以及阐释结果等,以考察 1949—1979 年《红楼梦》在语文教育中的接受情形。

第一节　1949—1965：言情、人道小说期

1949 年之后,随着政权的更迭,政治形势、文艺思潮和教育宗旨发生了根本的改变,各界对《红楼梦》及其是否适合节选作为中小学教材的认识也发生了很大的变化。

一、落选：言情小说

1949 年 10 月 1 日,中华人民共和国成立。随着社会主义国家体制的确立,语文教

育进入了一个为培养社会主义新人服务的新阶段。1952年3月18日颁行的《中学暂行规程（草案）》在"总则"中指出，"中学教育的任务，是用马克思列宁主义的理论与中国革命实践相结合的毛泽东思想和普通文化知识教育青年一代，使他们的身心获得全面的发展"，"发展学生为祖国效忠、为人民服务的思想，养成其爱祖国、爱人民、爱劳动、爱科学、爱护公共财物的国民公德和刚毅勇敢、自觉遵守纪律的优良品质"。[①] 不言而喻，语文教育除了使学生能正确使用本国的语言文字外，还应当承担思想教育任务。1950年6月，宋云彬、朱文叔等人编写、人民教育出版社出版的新中国第一套中学语文教科书《初级中学语文课本》的编辑大意就明确指出，"无论哪一门功课，都有完成思想政治教育的任务。这个任务，在语文科更显得重要"。那么语文科到底怎样才能落实思想政治教育任务呢？编辑大意接着写道："要通过语文科来完成思想政治教育的任务，不能单靠几篇说理的论文。一种思想内容或一个政治道理，可以用一篇说理的论文来表达，也可以用一篇小说，一首诗歌，一个历史故事，或者一个自然科学故事来表达。"显然，在编者看来，可以通过小说等文学作品来进行思想政治教育。1950年7月，周祖谟、游国恩等人编写、人民教育出版社出版的《高级中学语文课本》的编辑旨趣与之类似。虽然编辑大意称可选小说等文艺作品，但是在这两套教科书中并没有出现从《红楼梦》中节选的篇目。同年人民教育出版社出版了《初级中学语文课本》，其编者朱文叔曾在1920年把《红楼梦》作为自己练习国语的工具，编者宋云彬曾和夏丏尊等人在1934年把《红楼梦》第三回节录并以《王熙凤》为课文名称收入中学自修用《开明国文讲义》的第1册。[②] 可能在他们看来，《红楼梦》虽然是艺术成就很好的小说，但其"大旨言情"，与1950年代初的政治斗争形势的需要格格不入，所以即使想选也不能选。该书的第1册前10课题目是《学好三门功课》《杜伯洛维娜参观师大附中（新闻通讯）》《李官祥》《"国家的"》《狼（立陶宛童话）》《三个故事》《毛主席和工人》《见列宁去》《田寡妇看瓜》和《董老头儿种葡萄》。从这些篇目所涉及的题材、国别等来看，即使选文是文学作品，也倾向于选择社会主义阵营国家作者的作品，而且多是歌颂领袖人物的政治生活和普通民众的日常生活的（1942年毛泽东《在延安文艺座谈会上的讲话》中明确提出"文艺为工农兵服务"）。1952年修订出版的《初级中学语文课本》（编者已由个人署名变为"人民教育出版社"）更是将领袖和工农放在最为突出的位置，其第1册前10课为《毛主席和工人》《进京日记》《见列宁去》《星期六义务劳动日》《杜伯洛维娜参观

① 课程教材研究所编《20世纪中国中小学课程标准·教学大纲汇编·课程（教学）计划卷》，北京：人民教育出版社，2001年版第206页。
② 张心科《〈红楼梦〉在清末民国语文教育中的接受》，《红楼梦学刊》，2011年第5期第253、260页。

师大附中《苏联少年先锋队队员给中国少年儿童队队员的信》《李官祥》《"国家的!"》《琥珀》和《大森林的主人》。显然,描述封建贵族生活方式为主的《红楼梦》是不能选入的。在四大名著中,入选这套《初级中学语文课本》最多的是《水浒传》,第3册有《景阳冈》,第5册有《林教头风雪山神庙》以及魏晨旭等人集体创作的现代话剧《石秀探庄》。入选《高级中学语文课本》第3册的有《生辰纲》《林冲与鲁智深》(1952年修订版将这两篇课文题目改为《智取生辰纲》和《大闹野猪林》)以及茅盾写的文艺论文《谈〈水浒〉的人物和结构》。显然,《水浒传》写的是无产者的反抗斗争,更符合当时政治形势的需要。

二、入选:人民性、现实主义小说

1953年4月,教育部向中央政治局提出改进中小学语文教育。在全面学习苏联的形势下,毛泽东就此指示可以学习苏联分科教学的方式,将语言和文学分开教学,并指定胡乔木负责成立"中央语文教学问题委员会"筹划此事。12月,委员会向党中央提交了《关于改进中小学语文教学的请示报告》。《报告》指出,语言教学缺乏严格的语言训练,文学作品教学,没有通过文学培养青年高尚的品格和健康的人生观,也没有使学生得到必要的系统的文学基本知识和文艺欣赏能力。结果是语言教育、文学教育两败俱伤。鉴于此,应在中学进行语言、文学分科教学,初中开设汉语、文学课,高中独设文学课,"文学教学不割断历史,不仅应教现代文学作品,而且也应教古代优秀的文学作品,使学生认识我国历代人民的生活和我国文学的悠久传统","选材应力求限于有定评的杰作,以便养成学生较高的审美水平。除入选课本的短篇和节录外,应着重指导学生在课外阅读基本的名著"。[①] 1954年2月1日,中央政治局扩大会议批准了这份报告,并责成政务院文委党组办理。随后人民教育出版社受命拟定汉语、文学教学大纲并编写汉语、文学教材。1956年5月,教育部印行《初级中学汉语教学大纲(草案)》。7月,印行《初级中学文学教学大纲(草案)》和《高级中学文学教学大纲(草案)》。1956年3、4月,张毕来、蔡超群主编的《初级中学课本文学》和《高级中学课本文学》相继出版,供当年秋季入学使用。汉语文学分科教学正式展开。《红楼梦》也再次正式进入中学语文教育。

(一)大纲制定者的阐释

《初级中学汉语教学大纲(草案)》在介绍初中应学习的文学作品时称:"文学史上

---

① 顾黄初主编《中国现代语文教育百年事典》,上海:上海教育出版社,2001年版第352、353页。

有不少富有人民性和现实主义精神的优秀的古典文学作品。"在列举学生应该学习的优秀古典文学作品时提到了曹雪芹:"编入教学大纲的古典文学作品,有我国最早的诗歌总集《诗经》里的诗歌,有屈原、李白、杜甫、白居易、辛弃疾等作家的诗词,有施耐庵、罗贯中、吴敬梓、曹雪芹等作家的小说,还有别的一些优秀作家的作品。这些作品都是富有人民性和现实主义精神的作品,反映了各个历史阶段人民的生活和斗争,表现着作家的人道主义和爱国主义精神。"①显然初中《大纲》是将曹雪芹列为代表作家,将《红楼梦》纳入了"有定评的杰作"行列。初中《大纲》同时对《刘姥姥(老老——引者)一进荣国府》的基本内容及主旨做了阐释:"刘老老迫于生计利用连宗关系到荣国府谋求周济。她的老于世故。王熙凤的善于应付。作品反映封建社会里平民小户同官僚贵族贫富悬殊的情况,表现社会地位不同的人处事对人的不同的态度和心理。"②就这段解说看不出作者有对刘老老表示同情的人道主义倾向,反而对其世故颇有微词;对王熙凤也没有批评,而是用了"善于"这个褒义词。《高级中学文学教学大纲(草案)》在列举中国文学作品时同样提到了曹雪芹:"三千多年以来,我国产生了许多富于人民性和现实主义精神的优秀作品,其中有好些,例如屈原、司马迁、李白、杜甫、白居易、施耐庵、罗贯中、吴敬梓、曹雪芹、鲁迅等作家的作品,就思想内容的丰富和艺术形式的优美说,都具有世界意义,成为世界人类文化宝库的一部分。"③显然,这里对曹雪芹的评价更高,同时突出了《红楼梦》的艺术成就。高中《大纲》只列出第一年两个学期的教学篇目,不过在《高级中学课本文学第三册教学参考书》(人民教育出版社,1957年8月第1版)中所列的《高级中学文学第二学年第一学期教学大纲》对《红楼梦》和其中的《诉肺腑》做出了阐释:"《红楼梦》是我国伟大的长篇小说。它的思想内容:描述一个封建贵族家庭的腐朽生活和内部矛盾,反映封建社会的黑暗及其不可避免的没落命运。主人公贾宝玉和林黛玉对功名利禄的蔑视,对自由生活的追求,对封建婚姻束缚的不屈的斗争。它的艺术特点:人物众多而各具不同面貌,事件复杂而结构完整。"《诉肺腑》"通过宝玉同湘云、袭人的谈话,写出宝玉和黛玉的真挚爱情的思想基础:鄙弃仕宦道路,争取个性解放。通过黛玉听到谈话以后的感触,写出黛玉的处境,反映封建势力对青年男女幸福生活的阻力。湘云和袭人的谈话中所反映的薛宝钗的性格和思想。人物的侧面描写"。高中《大纲》还明确把《红楼梦》列入第二学期课外阅读参考书目。④

① 课程教材研究所编《20世纪中国中小学课程标准·教学大纲汇编·语文卷》,北京:人民教育出版社,2001年版第334页。
② 课程教材研究所编《20世纪中国中小学课程标准·教学大纲汇编·语文卷》,北京:人民教育出版社,2001年版第381页。
③ 课程教材研究所编《20世纪中国中小学课程标准·教学大纲汇编·语文卷》,北京:人民教育出版社,2001年版第387页。
④ 课程教材研究所编《20世纪中国中小学课程标准·教学大纲汇编·语文卷》,北京:人民教育出版社,2001年版第403页。

（二）教科书编者的阐释

1950 年,有关部门在陕西调查,有部分中小学教师"提出新课文存在着'艺术性太弱'的缺点"①。这是对当时课文题材及教学内容政治化的不满。这次重编教科书就是借高层自上而下的推动,重新确立文学作为艺术作品的本质(教科书编者重新恢复为个人署名也是一个规避政治的表征),而不是像此前那样以政治性为主而选择领袖、友邦的作品(如《高级中学课本文学》只在第 3 册末尾附录毛泽东的《什么是知识》、刘少奇的《个人和集体》、列宁的《伟大的创举》和高尔基的《论新人》,第 4 册选了毛泽东的《"农村调查"的序言》和《我们的文艺是为什么人的》)。之所以要节选《红楼梦》作为课文,完全是因为将其视为清代文学(小说)的经典。在确立《红楼梦》节选篇目时,也更多地从艺术的角度来考量。

《初级中学课本文学》的第 4 册(人民教育出版社,1956 年 9 月第 1 版)第 12 课《刘老老一进荣国府》节选自《红楼梦》第六回。编者在注释中写道:《红楼梦》是我国一部杰出的长篇小说。全书一百二十回,以主要人物贾宝玉和林黛玉的恋爱故事为主要情节,描写清朝一个贵族大家庭贾府由盛而衰的情况,揭露封建贵族的腐朽本质和没落趋势。"第 13 课文学常识《我国的古典文学》称:"《红楼梦》描述贾宝玉和林黛玉的恋爱悲剧,通过一个官僚地主家庭的变迁,深刻地批判了当时整个的封建社会的腐烂和虚伪,对于蔑视封建礼教,力求发展个性的人物,表示最大的同情。明代的《水浒传》和清代的《红楼梦》是我国小说中两部最成功的伟大作品。"包括《红楼梦》在内的优秀古代文学作品,不仅内容真实地描述人民生活,真实地反映社会现实,而且艺术高超,刻画人物生动鲜明,语言运用精炼形象。如《刘老老一进荣国府》里的王熙凤"就仿佛活生生地站在我们的面前"。《刘老老一进荣国府》课后练习共五道题,除了第一道题"《红楼梦》是一部什么书?《刘老老一进荣国府》这一段反映当时怎样的社会现实?"就思想来设问外,其余四道题是围绕理解作品内容和艺术形式来设问的,以培养学生的阅读和写作能力:"二 刘老老到荣国府去有什么企图?她在周瑞家的和王熙凤跟前表现怎样的态度?从这些可以看出她当时怎样的处境和心情? 三 作品怎样描述王熙凤的善于应付? 四 找出描述荣国府豪华生活的句子。五 用第一人称的口吻,叙述刘老老到荣国府去的经过(假设刘老老回家以后对女儿和女婿叙述经过)。"

与之配套的《初级中学课本文学第四册教学参考书》(人民教育出版社,1956 年 10 月第 1 版)称《红楼梦》是"我国古典文学长篇小说的辉煌巨著":"通过几百个人物形象

① 郑国民、张毅、季雪娟、黄显涵著《当代语文教育论争》,广州:广东教育出版社,2006 年版第 77 页。

的描写,特别是通过主要人物贾宝玉、林黛玉和薛宝钗等典型性格的塑造,暴露了封建社会的腐朽和错综复杂的矛盾,揭示了封建社会必然崩溃的趋势,表现了产生于当时环境中的具有反抗性的新人的思想情感。"对于迫于生计来荣国府谋求周济的刘老老,编者没有掩饰对其批判的一面:"刘老老是个'久经世代'的老寡妇,生活经验丰富,懂得人情世故,知道对什么人说什么话,很会在彼此来往的场合应付人。"也表达了同情的倾向:正是生活困难,才使刘老老懂得了许多世故,学会了应付人的办法,知道了对什么人说什么话。对于王熙凤,编者认为她既"美丽聪明"又"工于心计"。

《高级中学课本文学》的第3册(人民教育出版社,1957年7月第1版)第12课《诉肺腑》节选自《红楼梦》第三十一、三十二回。《诉肺腑》明显是写宝黛爱情的章回,编者并不回避。编者除了认可曹雪芹的人道主义外,更因为其虽不否认《红楼梦》有批判封建家族的成分,但认为《红楼梦》主要还是一部"爱情"小说,即便是反抗,也是基于追求个性解放、爱情自由的反抗,如注释称:"他的长篇小说《红楼梦》是我国最有名的小说之一。这部小说描述一个封建贵族家庭的腐朽生活和最后的没落情况。小说中人物很多,情节复杂,主要是写贾宝玉和林黛玉相爱,因受封建家庭阻挠而造成悲剧。"课后练习也没有脱离作品对封建家庭的罪恶大加批判而是就作品内容设问:"1. 从这篇作品的人物对话里看出宝玉、黛玉同湘云、宝钗、袭人等的思想有什么不同? 2. 宝玉和黛玉的爱情是建筑在怎样的思想基础上的?"

与之配套的《高级中学课本文学第三册教学参考书》对曹雪芹所处时代产生的反抗民族压迫、反对封建君主制度、要求个性解放的社会思潮进行了分析,并认为曹雪芹"在思想上显然受了当时的进步思想的影响。在他所写的《红楼梦》中,不仅揭露了封建贵族地主阶级的丑恶面貌、腐朽本质和没落趋势,而且反映了当时广大人民要求民主自由和个性解放的思想"。小说描述了贾府奢华糜烂的生活、勾心斗角的人际。不过其中心仍是爱情悲剧:"这部伟大的现实主义的长篇小说的中心事件,就是贾宝玉和林黛玉的恋爱悲剧。"这个悲剧是因为宝黛"最纯洁的理想、最真挚的爱情"和这个腐朽的家庭产生冲突所造成的。"作品的故事情节,是以贾宝玉和林黛玉的爱情、他们的悲剧命运作为主要线索向前发展的。伴随着这条线索前进的,还有他们所生活的这个贵族家庭由兴盛到衰落的发展过程"。主次是分明的。同时,其中的《诉肺腑》通过宝黛之间的小波折来告诉读者,"他们有着追求自由生活的共同理想,他们反对封建礼教的束缚。他们恋爱这件事的本身,就是具体反映了他们的共同理想,就是向封建礼教宣战。因此说,鄙视仕宦道路,争取个性解放,是他们真挚爱情的思想基础"。可见,编者把分析的重点放在赞扬"人性"上而不是在抨击腐朽制度上。除了对其内容思想进行分析外,编者还分析了其中湘云与袭人两人关于黛玉和宝钗的交谈,并指出这是侧面描写的手法,其好处是"很经济地描写出人物的性格来"。

因为在编者看来优秀的古典文学作品是"高度的思想性和艺术性"的统一,所以选择其中古典小说的代表《红楼梦》的部分内容作为课文,而且在阐释时既强调思想性,又不忽视艺术性。在强调思想性时,不掩饰刘老老这个底层民众代表身上所具有的劣根性,不回避宝黛爱情这个在革命年代颇为敏感、被视为禁忌的话题,当然也客观地指出作品本身所隐含的批评封建礼教、旧式家庭的倾向,及其所预示的封建社会崩溃的趋势。只有少数编者会特别强调其思想的现实针对性,如上海市教育局教学研究室编的《初级中学课本文学第四册课堂教学参考书》(新知识出版社,1958年2月第1版)所设定的《刘老老一进荣国府》的教学目的有二:"一、使学生了解《红楼梦》及其作者曹雪芹的生平大略。二、使学生认识封建社会里平民小户同官僚贵族贫富悬殊的不合理现象,了解社会地位不同的人处事对人的不同态度和心理,从而体会阶级社会的罪恶腐朽本质,加强对新社会的热爱。"又如安徽省中学教师进修学院"根据教学大纲、课本和1958年暑期高考大纲编写"的《高中语文复习提纲》用"阶级分析法"对《诉肺腑》进行了解读:"在这个腐朽、黑暗的封建贵族家庭里,作者创造了两个正面的光辉形象,两个具有进步思想与叛逆精神的青年典型——贾宝玉和林黛玉。他们同具有蔑视功名利禄和追求自由生活的性格。他们思想倾向是一致的,世界观和生活目的相同;他们要突破封建的锁链,追求个性解放,追求自由生活,特别在恋爱问题上与整个封建制度尖锐对立,并进行不屈的斗争。他们对自己的阶级生活发生了怀疑,对封建秩序、封建伦理进行了反抗。总之,作者在他所写的《红楼梦》中,不仅揭露了封建贵族地主阶级的丑恶面貌、腐朽本质和没落趋势,而且反映了当时广大人民要求民主自由和个性解放的思想。"[1]

(三)大纲、教材与当时的《红楼梦》大批判

1953年,作家出版社出版了《红楼梦》,棠棣出版社出版了俞平伯的《红楼梦研究》。1954年,俞平伯发表了系列红学论文。在俞平伯看来,《红楼梦》的独创性在于其为"闺阁昭传"之"言情"大旨及将"真事隐去"之隐喻笔法。1954年9月号《文史哲》上发表了李希凡、蓝翎这两个后来被毛泽东称为"小人物"的《关于〈红楼梦简论〉及其他》的论文。两位作者对俞平伯发表在1954年3月号《新建设》上的《红楼梦简论》提出了批评,认为《红楼梦》并不是如俞平伯所说的那样"怨而不怒",并用阶级分析的方

① 安徽省中学教师进修学院编《高中语文复习提纲》,合肥:安徽人民出版社,1958年版第85页。

49

法对俞平伯"反现实主义"的观点进行批判："像其他的伟大现实主义大师一样，曹雪芹的同情虽然'是在注定灭亡的那个阶级方面'，但是，他从自己的家庭遭遇和亲身生活体验中，已经预感到本阶级必然灭亡的历史命运。他将这种预感和封建统治集团内部崩溃的活生生的现实，以完整的艺术形象体现在红楼梦中，把封建官僚阶层内部腐朽透顶的生活真实地暴露出来，表现出它必然崩溃的原因。作者用这幅生动的典型的现实生活的图画埋葬了封建统治阶级的历史命运。"①1954 年 10 月 16 日，毛泽东给中央政治局的主要领导以及文艺界的有关负责人写下了著名的《关于〈红楼梦〉研究问题的信》，支持两个"小人物"的观点，并发出批评"俞平伯唯心论"的号召："这个反对在古典文学领域毒害青年三十余年的胡适派资产阶级唯心论的斗争，也许可以开展起来了。"②于是一场席卷全国的"批俞"运动拉开序幕，并持续到 1959 年左右。

前述文学《大纲》和《文学》教科书都从 1956 年开始颁行或出版，按理说无论其对《红楼梦》的选编还是阐释都会受到正在轰轰烈烈地开展的大批判的影响。但是，我们从《大纲》的制定者和教科书的编者的阐释中似乎并没有发现受到很大的影响，这一个方面可能与汉语、文学分科的目的之一是要培养学生的文学鉴赏能力及《文学》教科书的编写旨趣之一就是兼顾思想性和艺术性来选择经典作品有关。然而，不知是否与《文学》教科书的主编之一张毕来的"红学"观点相关。不过，他后来的红学观点却明显与之不同，如其在 1978 年出版的《漫说红楼》是完全从阶级斗争的角度来分析《红楼梦》的。该书共五章，标题分别为《家庭阶级本质，贾府与社会上其他阶级的矛盾》《丫头的生活和斗争，贾府主子与奴婢的矛盾》《四权的统治和新思想的萌芽，贾府主子的矛盾》《矛盾中的贾宝玉性格和贾宝玉性格中的矛盾》和《权势衰落，败而未亡，贾府诸矛盾在后四十回中》。在该书后记中作者说：本书基本上是 1974—1975 年写成的，当时"四人帮"和"梁效"正在横行叫嚣。新旧红学家"看《红楼梦》好象雾里看花，毛病主要也出在主观方面：眼里长了云翳；那就是违反马克思主义列宁主义毛泽东思想的立场观点方法"。"《红楼梦》所描述的阶级斗争，为我们提供了在无产阶级专政下继续革命的借鉴"。这本《漫说红楼》"是我征途中的一个新的起点：跟着华主席，在毛泽东思想的旗帜之下，为把无产阶级专政下的继续革命进行到底而奋斗"。③ 可能早年他坚持以艺术性来看待《红楼梦》，而后来在多年的斗争之中他的思想发生了很大改变，转而以阶级性来看待了，是否也可说是"眼里长了云翳"呢？

---

① 作家出版社编辑部《红楼梦问题讨论集·一集》，北京：作家出版社，1955 年版第 48—49 页。
② 中共中央文献研究室编《建国以来重要文献选编（第五册）》，北京：中国文献出版社，2011 年版第 554—555 页。
③ 张毕来著《漫说红楼》，北京：人民文学出版社，1978 年版第 620、624—628 页。

当然,其他教学参考书的编者对《红楼梦》及教科书选目的阐释,就可能受到这次大批判的影响,如上述上海市教育局教学研究室编的《初级中学课本文学第四册课堂教学参考书》对《刘老老一进荣国府》的教学目的的设定,又如与《初级中学课本文学》第4册相配套的《初级中学课本文学第四册教学参考书》提出的"新人"说可能就受到李希凡、蓝翎所提出的"新人萌芽"说的影响。而据《参考书》前的"出版者的话"介绍,相关课文的教学参考,是委托江苏省教育厅组织当地中学教师编写的。编写过程中,曾得到南京师范学院和南京大学两校中文系教师协助。所以,这种解读可能又与对当时的文艺思潮感觉敏锐的大学中文系老师有关。

三、淡出:思想性不突出的小说

1956年底,中苏关系开始恶化。12月,林枫在国务院办公室会议上指出文学课本的编写存在着严重错误,并传达了陆定一等人的指示。1958年春,国务院第二办公室宣布取消汉语、文学分科,恢复原来的《语文》课本①。关于汉语、文学分科终止的原因,除了因政治形势变化不能再学苏联之外,在学理上也有许多可商榷的地方,如汉语和文学并非并列的关系,汉语是表达文学的基本工具;又如语文学科除了培养文学作品的读写能力之外,还要培养学生的实用文章的读写能力,教科书以文学作品为主显然不利于学生的实用文章读写能力的培养。1955年,叶圣陶以教育部副部长的名义做了题为《关于语言文学分科的问题》的分科动员报告(《人民教育》,1955年第8期),但是1980年代在编《叶圣陶文集》时叶圣陶拒绝收录此文,应该是因为这篇官方报告与他个人的真实想法相冲突。

1958、1959年,人民教育出版社又出版初、高中《语文》教科书。这两套教科书的选文标准和此前的初、高中《文学》教科书最大的区别是,除了恢复实用文章的地位外,就是选择标准突出作品的思想性而淡化其艺术性。如1958年第1版初中《语文》第1册的篇目为《民歌六首》(《永远跟着毛泽东》《红旗一展天下都红遍》《天冷冷不了热心》《一挖挖到水晶殿》《我来了》《赞群英》)、《牛郎织女》、《凡卡》(契诃夫)、《给徐特立同志的一封信》(毛泽东)、《母亲的回忆》(朱德)、《任弼时同志二三事》(李庄)、《老山界》(陆定一)、《小英雄雨来》(管桦)、《平常的人》(杨朔)、《毛主席使红光社大放红光》(许川、白丁)、《夜走灵官峡》(杜鹏程)、《保价邮包》(波列沃伊)、《第二次考试》(何为)、《他们

---

① 周正逵著《语文教育改革纵横谈》,北京:教育科学出版社,2013年版第206页。

和我们》(张天翼)。又如1958年第1版高中《语文》第1册的篇目为《蝶恋花·游仙（赠李淑一）》(毛泽东)、《中国人民政治协商会议第一届全体会议开幕词》(毛泽东)、《通向共产主义社会》(唐弢)、《同心结》(李大我)、《毛主席向着黄河笑》(臧克家)、《"中国农村的社会主义高潮"按语二则》、《粮食的故事》(王愿坚)、《永不掉队》(冈察尔)、《诗二首〈杜陵叟〉〈缭绫〉》(白居易)、《岳阳楼记》(范仲淹)、《公输》(墨子)、《个人和集体》(刘少奇)、《毛主席会见留苏学生》和《记念刘和珍君》(鲁迅)。很显然,除了领袖的诗文、歌颂领袖的诗文以及被领袖所赞扬的作者的文章外,古代文学作品都必须真正是充满"人民性"的作品。可能教育部门对这样的《语文》还不满意,于是在1960—1964年又陆续对这些教科书进行了修订。如1960年各修订版编者的话称:"这次修订,力求贯彻教学改革的精神,注意到适当补充反映社会主义建设的新面貌和新形势的课文,以便进一步加强思想政治教育,也注意到适当增加课文的篇数,以便通过多读多写,更迅速地提高学生的阅读能力和写作能力。"1960年第1版初中《语文》第1册的篇目为《长征》(毛泽东)、《长征的意义》(毛泽东)、《老山界》(陆定一)、《纪念白求恩》(毛泽东)、《截肢和输血》(周而复)、《母亲的回忆》(朱德)、《社戏》(鲁迅)、《人民英雄永垂不朽》(周定舫)、《第比利斯的地下印刷所》(茅盾)、《母亲》(小林多喜二)、《织女星和牛郎星》(叶至善)、《天气陛下》(伊林)、《我们的春天》(曹禺)、《童话的时代》(华山)、《到佛子岭去》(靳以)、《公社一家人》(张志民)、《梁生宝买稻种》(柳青)、《雨》(李准)、《分马》(周立波)、《敢想敢说敢做》(刘少奇)、《把西南西北和全国连接起来了》(人民日报社论)、《崇高的品质,光辉的榜样》(中国青年报社论)、《好青年! 好志气!》(吴化)、《笔记三则》(《要做则做》《治水必经躬亲》《率由旧章之弊》,钱泳)、《谁是最可爱的人》(魏巍)、《长空的主人》(李亚白)、《保价邮包》(波列沃依)、《晏子使楚》(《晏子春秋》)、《李寄》(干宝)。1960年第1版高中《语文》第1册的篇目为《我们的文艺是为什么人的》(毛泽东)、《水调歌头》(毛泽东)、《长江大桥》(郭沫若)、《〈红旗歌谣〉编者的话》(郭沫若、周扬)、《记念刘和珍君》(鲁迅)、《中国无产阶级革命文学和前驱的血》(鲁迅)、《察今》(出自《吕氏春秋》)、《学记三则》(出自《礼记》)、《师说》(韩愈)、《遵义会议的光芒》(张南生)、《牧场雪莲花》(权宽浮)、《从西安到兰州》(叶圣陶)、《首都的大门——北京车站》(陈登鳌)、《反对自由主义》(毛泽东)、《关于所谓"舆论一律"》、《不平常的春天》(人民日报社论)、《廉颇蔺相如列传》(司马迁)、《文天祥传》(陈弘绪)、《狱中杂记》(方苞)、《广东军务记》和《鲁智深大闹野猪林》(施耐庵)。可见,改革的做法除了增加篇目外就是加强思想政治教育。其课文的政治和实用倾向十分明显,重新选入《鲁智深大闹野猪林》,大概与《水浒传》宣扬无产者的反抗直接相关(1958年版高中《语文》

第 5 册中已有《智取生辰纲》）。然而，在 1958—1964 年人民教育出版社出版的中学《语文》教科书以及 1958 年浙江、江苏、北京、上海等省市在人民教育出版社编写的中学《语文》的基础上补充的反映地方现实情况的中学《语文》教科书中，都没有发现《红楼梦》的选目，这大概因为编者认为这种缺乏现实针对性的唯美的（艺术性强而思想性弱）文学作品是根本没有必要选入教科书作为课文的。其实早在 1951 年就有人在《人民教育》上著文指出，虽然朱自清的《背影》有很高的艺术性，是白话散文的经典，但是"在今日的青少年学生前面，抽象而颓弱地渲染着一个父子之爱，是与当前三大政治任务——抗美援朝（参加军干校），土地改革，镇压反革命——相矛盾的"①。那么，纵然《红楼梦》的艺术成就再高，其思想性也可能和当时的政治形势相冲突，如《刘老老一进荣国府》就有贬低劳动人民的嫌疑，不仅对共产主义事业建设没什么帮助，还容易让学生读后滋生向往剥削阶级腐朽生活方式的不良心理②，而《诉肺腑》更带有宣扬小资产阶级的情调了，因为虽然《诉肺腑》间接表达了反抗封建礼教、追求个性（婚姻）自由的思想，但毕竟是青年男女在直接表达爱意。

53

  其实早在 1958 年初还没有终止汉语、文学分科时就已出现这种纠偏的现象。首先是出版补充教材。针对文学教材艺术性强而思想性弱、文学作品多实用文章少的弊端的纠正，还出版了补充教材，如广西僮族自治区教育厅编的《初级中学课本文学第四册补充教材》（广西人民出版社，1958 年 4 月第 1 版）的全部篇目为《邓小平同志在青年团第三次全国代表大会上代表中共中央致祝词》《跟随毛主席长征》《朱总司令的话》《六亿人民心花开》《愿你当一个有文化的青年社员》《为什么在广西成立省一级僮族自治区》《深岩六昼夜》《欢乐颂》《睦边赞歌》《石匠》和《苗山诗境》。又如安徽省教育厅编《高级中学语文补充教材第五册》（安徽人民出版社，1958 年 7 月版）的"编辑说明"指出，"中学语文教学的目的是：①使学生能够正确地理解和熟练地运用祖国的现代语文，提高阅读和写作能力；②讲授富有教育意义的文章，向学生进行思想政治教育，从而提高学生的社会主义觉悟和道德修养。为了实现这个目的，教育部已决定将文学、汉语合并为语文课，将文学和汉语课本改编为语文课本，并留出一定课时供各地讲授自行编选的补充教材，使教学内容能更密切地联系当时当地的社会生活。为此，我们特编选了中学各年级语文补充教材，供中学、师范学校 1958—1959 年度上学期使用"。也就是秋季开学时使用。其选材的第一个原则就是"思想

---

① 黄庆生《一篇很不好教的课文——〈背影〉》，《人民教育》，1951 年第三卷第三期第 54 页。
② 陈晓楠《百年语文：公社送我上学堂》，"凤凰大视野"2012 年 2 月 27 日。

性政治性强,能从正面给予学生以社会主义思想教育",其次是艺术性较高、语言合乎规范、适合学生的接受能力。选材范围包括"①有关当前革命形势和方针政策的重要论文;②有关革命传统和本省革命史实(包括革命领袖的典范言行和生活故事)的作品;③反映本省生产建设、劳模事迹和新人新事的作品;④反映本省社会主义革命和社会主义建设的新民歌"。这一册共八课:《介绍一个合作社》(毛泽东)、《破除迷信 解放思想》(曾希圣)、《病树前头万木春——从泰晤士报的一篇评论谈起》(胡乔木)、《又红又专后来居上》(《人民日报》社论)、《他们是普通劳动者——中央国家机关和中共中央直属机关领导干部十三陵水库工地集体劳动散记》(袁木)、《劳动人民一定要做文化的主人》(柯庆施)、《新民歌开拓了诗歌的新道路》(周扬)(附:《太阳问答》)、《典型报告》(李德复)。又附录了《一个苦战二年改变了面貌的合作社》和《一篇生动的报告——"典型报告"读后》(于顷)。另外,1958—1959 年,北京、浙江等地还出版了初中、高中《语文(试用本)》。

其次是调整教学内容。1959—1961 年,《文汇报》等报刊发起了"语文教学目的任务"的讨论。1961 年第 8 期、1963 年第 1 期《人民教育》相继发表影响巨大的洛寒(刘松涛)的《反对把语文教成政治课》和《不要把语文课教成文学课》,二文均强调视语言文字为基本工具,语文教学就是教会学生运用这个工具,而有关课文的思想性、艺术性在教学时应该淡化。不过,当时的语文教育并没有淡化课文的思想性,倒是确实淡化了课文的艺术性。在这样的教育思潮的影响下,《红楼梦》在中学《语文》教科书中是毫无立足之地的。

需要补充说明的是,《红楼梦》等优秀古典文学进入中学教科书后,对教师的课堂教学和学生的课外阅读的转向都产生了很大的影响。如汉语、文学分科之前,教科书的选文以突出政治思想为标准,教师"把语文课当作政治课教,学生反映说:'语文教师就象上政治课一样,我们真接受不了。'"[①]学生课外阅读的也多是以革命为题材的读物,如有人称:"在 1955 年下学期(初二上)我又在图书馆借了二十本《卓娅与舒拉的故事》分配给学生们阅读(因为第三册课本有两篇关于卓娅的文章)。"[②]但是,汉语、文学分科后,因为阅读教材为文学,且选入的是文学经典,所以学生开始阅读的是《红楼梦》等名著,如据 1958 年 7 月浙江省教师进修学院语文组在浙江多所中学调查发现:"很多学校反映《钢铁是怎样炼成的》及《卓娅与舒拉的故事》等富有政治教育

54

---

① 安徽省教育厅视察研究室编《中学教学经验选集(语文)》,合肥:安徽人民出版社,1957 年版第 20 页。
② 安徽省教育厅视察研究室编《中学教学经验选集(语文)》,合肥:安徽人民出版社,1957 年版第 26 页。

意义的作品,出借率比一两年前减少。《三国演义》《红楼梦》等古典小说的出借率显著增加。"①

第二节　1966—1979：政治、历史课本期

1966年5月和8月,中央政治局扩大会议和八届十一中全会相继召开,并分别通过《五·一六通知》和《中国共产党中央委员会关于无产阶级文化革命的决定》,"文化大革命"正式爆发。其中教育大革命措施之一就是由各省市自编教材。虽然1976年10月"文革"结束,但是1966—1979年出版的上百套《语文》教科书的编写旨趣差异不大,其实就是"政治课本"。一般会在扉页印上"最高指示"或"毛主席语录",如:"教育必须为无产阶级政治服务,必须同生产劳动相结合。""学生也是这样,以学为主,兼学别样,即不但学文,也要学工、学农、学军,也要批判资产阶级。学制要缩短,教育要革命,资产阶级知识分子统治我们学校的现象,再也不能继续下去了。""我们的文学艺术都是为人民大众的,首先是为工农兵的,为工农兵而创作,为工农兵所利用的。""要使文艺很好地成为整个革命机器的一个组成部分,作为团结人民、教育人民、打击敌人、消灭敌人的有力的武器,帮助人民同心同德地和敌人作斗争。"然后在封底的"说明"中说明编写旨趣。如:"彻底改革旧教材,编写无产阶级新教材,是无产阶级教育革命的重要组成部分。""遵照伟大领袖和导师毛主席关于'教材要彻底改革'的教导。""编选一套闪耀着毛泽东思想光辉的新教材,是一项光荣而艰巨的政治任务。"

教科书中的每篇课文都要能体现毛泽东思想:课文首先主要由毛主席诗词、讲话、批示等构成(有些直接用语录),如山东省中学试用课本《语文》1969年10月第1版第1册共33篇均是如此,其前5单元的课文为《〈毛主席语录〉再版前言》(林彪)、《红太阳颂》、《北京市革命委员会成立和庆祝大会给毛主席的致敬信》、《世界人民热爱毛主席的故事》、《革命先锋》(毛泽东)、《浣溪沙·和柳亚子先生》(毛泽东)、《一块银元》、《"剥削有功","功"在哪里?——揭露大吸血鬼牟二黑子血腥压榨农民的罪行》、《剥削有罪　罪该万死》、《为人民服务》(毛泽东)、《雷锋、王杰日记摘抄》、《心里只有毛主席(节选)——记毛主席的好战士年四旺》、《党的好女儿——毕兰英(节选)》、《"穷棒子社"

---

① 语文教研组《关于中学语文科的教学质量及教学改革的一些问题》,《中小学教学研究资料汇编之三　教学改革续编》,杭州:浙江省教师进修学院,1958年版第11页。

贫下中农心向毛主席》、《毛泽东同志的贺电　致阿尔巴尼亚劳动党第五次代表大会》、《念奴娇·昆仑》(毛泽东)、《欧仁·鲍狄埃》(列宁　附《国际歌》)、《中阿友谊谱新歌——记阿尔巴尼亚赠送油橄榄树苗在广西落地生根》等,位居其次的是被毛主席所赞扬的一些作家作品,如鲁迅的文章在各版本教科书中出现的频率很高,又如选《愚公移山》是因为毛泽东在"七大"闭幕词里引用了该寓言,选《景阳冈》(或称《武松打虎》)是因为毛泽东在《论人民民主专政》一文中有"我们要学景阳冈上的武松"的语句,选《曹刿论战》是因为毛泽东在《中国革命战争的战略问题》中提到了这次齐鲁长勺之战,等等。

　　1966—1979 年,各省新编《语文》教科书出版集中在 1966、1971、1972、1973、1975、1976、1977 这七个年份。下表所列是这期间中学《语文》教科书对《红楼梦》以及涉及相关文本的收录情况。

篇名	教科书名称	册次	出版社	时间、版次
关于红楼梦研究问题的信	陕西省中学暂用课本《语文》	第二册(第二分册)	陕西省中小学教材编辑组	1969 年 1 月第 1 版
护官符	山东省中学课本《语文》	三年级下册	山东人民出版社	1973 年 5 月第 1 版
关于红楼梦研究问题的信	福建省中学补充教材《语文》	高中一、二年级	福建人民出版社	1973 年 12 月第 1 版
护官符	辽宁省中学试用课本《语文》	第五册	辽宁人民出版社	1974 年 1 月第 1 版
护官符	吉林省中学试用课本《语文》	第七册	吉林人民出版社	1974 年 1 月第 1 版
护官符	福建省中学课本《语文》	高中一年级上学期(第一分册)	福建人民出版社	1974 年 1 月第 1 版
葫芦僧判断葫芦案	广东省中学试用课本《语文》	高中一年级第二学期用	广东人民出版社	1974 年 9 月第 2 版
"护官符"	湖南省中等师范学校试用课本《语文》	第四册	湖南人民出版社	1974 年 10 月第 2 版
护官符	江西省高级中学试用课本《语文》	第二册	江西人民出版社	1974 年 12 月第 1 版
护官符	天津市中学试用课本《语文》	第七册	天津人民出版社	1975 年 2 月第 1 版
葫芦僧判断葫芦案	河南省高中试用课本《语文》	第三册	河南人民出版社	1975 年 5 月第 1 版
护官符	吉林省中学试用课本《语文》	第八册	吉林人民出版社	1976 年 1 月第 1 版

篇名	教科书名称	册次	出版社	时间、版次
护官符	四川省初中试用课本《语文》	第七册	四川人民出版社	1976 年 3 月第 1 版
护官符	江西省高级中学试用课本《语文》	第二册	江西省上饶地区语文教材编写组、江西省中小学教材编写组	1977 年 4 月版
护官符	云南省高中试用课本《语文》	第一册	云南人民出版社	1977 年 6 月第 1 版
关于红楼梦研究问题的信	湖北省高中试用课本《语文》	第三册	湖北人民出版社	1977 年 7 月第 1 版
护官符	陕西省高中试用课本《语文》	第二册	陕西人民出版社	1977 年 10 月第 8 版
护官符	江西省二二制中学试用课本《语文》	高中第二册	江西人民出版社	1977 年 11 月第 1 版
护官符	山西省高中试用课本《语文》	第三册	山西人民出版社	1978 年 3 月第 1 版
护官符	广西壮族自治区中学试用课本《语文》	第九册	广西人民出版社	1978 年 4 月第 1 版
葫芦僧判断葫芦案	河南省中学试用课本《语文》	第八册	河南人民出版社	1978 年 10 月第 1 版
葫芦僧判断葫芦案	全日制十年制学校初中课本（试用本）《语文》	第六册	人民教育出版社	1978 年 7 月第 1 版

一、接受原因

上表所列与《红楼梦》相关的课文都出现在 1972 年之后。虽然毛泽东早在 1954 年就写过《关于〈红楼梦〉研究问题的信》,那么除了 1969 年陕西省中学暂用课本《语文》第二册选了这封信外,1966—1972 年间出版的中学语文教科书为什么没有节选《红楼梦》呢? 可能编者和一般读者一样都认为《红楼梦》主要还是言情小说,不利于用来培养社会主义事业接班人,所以也不便于作为教材来使用。那么为什么从 1973 年开始,从《红楼梦》中节选的篇目便集中出现在多种版本的中学语文教科书中呢? 这主要是与江青等人借批判所谓"修正主义红学"来继续推进阶级斗争有关。1971 年 9 月林彪摔亡以后,康生、江青等人开展"批林"运动,批判林彪"形左实右"。1973 年 8 月 7

日,《人民日报》发表了杨荣国的《孔子——顽固地维护奴隶制的思想家》,打出"反复辟"的旗号。新的"评红运动"就在这样的背景下展开。其中有人著文称,要"深刻认识在文艺战线上复辟与反复辟斗争的长期性、复杂性,明确了工人阶级用马克思主义、毛泽东思想占领上层建筑各个领域,其中包括《红楼梦》研究领域,是阶级的重托,历史的使命"。[①] 1974 年 10 月 16 日,《解放军报》发表了"梁效"的《批判资产阶级不停步——学习〈关于红楼梦研究问题〉》。所谓"修正主义红学",就是指何其芳、蒋和森等人的红学论著中认为《红楼梦》写了"爱情这个主题"。[②] 批判的目的是否定有关《红楼梦》主题的"爱情说"而坚持"政治说"。

另外,上述 1954 年毛泽东就《红楼梦》批判问题写过的信如同一柄尚方宝剑,使得江青等人可以利用《红楼梦》来进行政治斗争。这是因为毛泽东的这封信其实就是号召对属于资产阶级学者的"红学"观点展开批判的。如 1974 年江西省高级中学试用课本《语文》第 15 课《护官符》课后提示写道:

58

> 长期以来,在《红楼梦》研究问题上,存在着两条路线的斗争。地主、资产阶级利用文学遗产散布他们那套反动的世界观和人生观。反革命修正主义刘少奇、林彪一伙,则把《红楼梦》里展现出来的社会关系,抽掉了具体的阶级内容,颠倒黑白;并从他们的失败中总结教训,维护"权力","防自倒旗帜"。总之,他们从反革命政治需要出发,都对《红楼梦》进行了恶毒的歪曲,目的都是为推行其倒退、复辟的反革命路线。我们阅读《红楼梦》,要以伟大领袖毛主席《关于红楼梦研究问题的信》的指示为武器,给以正确的评价。

又如 1975 年湖北省高中试用课本《语文》的第 3 册第 4 课《关于红楼梦研究问题的信》(下称"湖北本(1975)")的课后提示与练习一为"毛主席这封信,揭示了围绕《红楼梦》研究问题这场斗争的性质,既是批判资产阶级的号召书,也是向党内修正主义路线开火的动员令。联系当前阶级斗争实际谈谈自己的学习体会"。为了给这篇课文的教学提供参考,湖北省中小学教学教材研究室编写的《湖北省高中试用课本补充参考资料(第一、三册)》还选录了孙文光的《坚持用阶级观点研究〈红楼梦〉》、苏者聪的《读〈红楼梦〉要抓住第四回这个纲》和洪云的《红楼梦〉的总纲》等三篇论证《红楼梦》的主

---

① 中共焦作市委宣传部编《评〈红楼梦〉》,郑州:河南人民出版社,1976 年版第 179 页。
② 白盾主编《红楼梦研究史论》,天津:天津人民出版社,1997 年版第 441—467 页。

题是阶级斗争的论文。

当然，毛泽东所赞扬的两个"小人物"的革命精神也是符合当时政治斗争需要的，如1973年福建省中学补充教材《语文》第4课《关于红楼梦研究问题的信》的课后思考与练习一为"毛主席在《关于红楼梦研究问题的信》这篇光辉著作中，热情赞扬了'小人物'藐视资产阶级'大人物'，敢于反潮流的革命精神。读完这篇著作后，我们应怎样学习'小人物'的革命精神，把上层建筑包括意识形态领域中的社会主义革命进行到底？"

既然毛主席的信已经指明了方向，那么寻找《红楼梦》原著中适合形势需要的章节作为课文就更有必要了。

二、阐释情形

这一时期的《语文》教科书选入《红楼梦》的篇目，显然不是因为它是优秀的古典小说，而是因为它描述了封建社会，所以编者是将其视为理解封建社会的黑暗和腐朽的教材来使用的。天津市中学试用课本《语文》的第7册第13课《护官符》（下称"天津本(1975)"）课后"说明"称："我们应当把《红楼梦》作为'历史'来读。"严格地说，是当成政治史的教科书来读的。如陕西省高中试用课本《语文》的第2册第28课《护官符》（下称"陕西本(1977)"）的注释说得更明确："《红楼梦》是描写阶级斗争的书，是形象的封建社会没落史，是封建社会的百科全书。所以，我们必须把它作为写政治主题的历史来读，从而帮助我们更好地了解中国的封建社会。"解读的时候所选择的视角也是政治，如《山东省中学语文课本三年级下册教学参考资料》（山东人民出版社，1973年6月第1版）在介绍《红楼梦》时明确指出："《红楼梦》为我们描绘出一幅完整而深刻的行将崩溃的中国封建社会的生活画面。但是，我们必须遵照伟大领袖毛主席关于批判继承古代文化遗产的教导，用马克思列宁主义的立场、观点和方法，有分析有批判地正确理解这部作品，才能有助于我们更深刻地了解中国封建社会。"毛泽东说："在阶级社会中，每一个人都在一定的阶级地位中生活，各种思想无不打上阶级的烙印。"[1]所以，无论是对作者所描写的事物还是作品中的人物，都应站在无产阶级立场上来对此进行分析。

（一）对《红楼梦》的总体评介

所有教科书、教学参考资料对《红楼梦》评介时并不提及该书以宝黛爱情为主线，

① 江西师范学院批林整风办公室资料组编辑《马克思 恩格斯 列宁 斯大林 毛主席论意识形态领域里的阶段斗争》，南昌：江西师范学院，1974年版第12页。

59

也不把它当做中国古代文化的百科全书看待,而是将其作为四大家族为代表的权贵之间及其与下层民众之间的阶级斗争的封建社会政治百科全书来看待。如辽宁省中学试用课本《语文》的第 5 册第 19 课《护官符》(下称"辽宁本(1974)")的课后提示称:"古典著名小说《红楼梦》具有高度的思想性和艺术性。它通过'四大家族'的衰亡史,丰富多彩的艺术形象,深刻地反映了封建社会残酷的阶级压迫和阶级斗争,揭露了封建贵族阶级和封建制度的腐朽与黑暗,展示出它必然崩溃的历史趋势。这部巨著是形象化的封建社会的历史,是我们了解和认识中国封建社会必读的百科全书。"又如吉林省中学试用课本《语文》的第 7 册第 9 课《护官符》(下称"吉林本(1974)")课下的注释称:"《红楼梦》是我国优秀的古典小说之一,它深刻地揭露了封建社会剥削阶级的罪恶。可以说是一部描写封建社会的百科全书,一部形象的封建社会的阶级斗争历史。"河南省高中试用课本《语文》的第 3 册第 11 课《葫芦僧判断葫芦案》(下称"河南本(1975)")的课后提示称:"《红楼梦》是中国古典文学史上思想性和艺术性结合得最好的一部小说。它所表现的是以社会阶级斗争为内容的政治主题,它是一部形象化的封建社会的没落史,是封建社会的一部百科全书。"文下注释特别强调曹雪芹父亲这一代就被抄家革职、家庭破落、生活贫困,所以"曹雪芹比较接近下层人民"。又如山西省高中试用课本《语文》的第 3 册第 5 课《护官符》(下称"山西本(1978)")的课后提示称:"从阶级和阶级斗争的观点来看,这是一部政治历史小说,是一部形象化的阶级斗争史。"很显然,编者均认为其优秀并不在于内容中所揭示的人性人情和各种文化以及高超的艺术形式,而在于其可能存在的对封建制度抨击的一面。

也有少数课本从曹雪芹的出身出发,分析《红楼梦》的"局限性"。如山东省中学课本《语文》(1973)三年级下册第 16 课《护官符》后的"题解"在赞扬《红楼梦》"反映""揭露""宣示"之外,又写道:"但是,由于作者出身于封建官僚地主家庭,和这个罪恶、腐败的社会本身存在着千丝万缕的联系。他在《红楼梦》里批判了封建制度,但由于阶级的和历史的局限,书中对于整个封建社会的揭露、批判,也就不能不存在着许多限制和不彻底的地方。"例如对本课所写的案件,"作者显然是站在冯渊等'乡宦'的立场上,同情'弱者',暴露'强者',而没有从劳动人民的立场去揭露这一场'人命官司'的丑恶实质"。又如吉林省中学试用课本《语文》(1976)的第 8 册第 11 课《护官符》的课后"提示"中在赞扬《红楼梦》反映封建社会黑暗腐朽的同时,又指出"由于曹雪芹出身于没落的封建贵族家庭,《红楼梦》又是封建社会的文学作品,因此,这部小说也有一定的阶级和历史的局限性"。如《护官符》中有关前生冤孽、夙孽相遇等提法,表现了封建宿命论思想。

（二）对《红楼梦》的节选取向

从上表可以看出，课文名称有的是《护官符》，有的是《葫芦僧判断葫芦案》。（选择前者的多于后者，大概用"护官符"作为课文名称更能体现斗争的精神，如上表所列湖南省中等师范课本《语文》（1974）的第 4 册第 13 课不仅在课文名称上加引号予以强调，而且在课后练习中写道："借一张'护官符'能巧妙地概括封建官僚社会里的弥天黑幕。"）不过，所有的教科书都节选自《红楼梦》第四回。如果把《红楼梦》主题确定为阶级斗争，把它当成政治教材，那么第四回就是全书的总纲，也最合适选为课文[①]。如上述苏者聪的《读〈红楼梦〉要抓住第四回这个纲》称[②]：

> 我们读《红楼梦》究竟以那（哪）一回为纲，这绝不是一个枝节问题，而是反映了两种思想、两条路线斗争的大问题。
>
> 过去资产阶级的新老"红学家"们，有的认为第一回是总纲，从而认定《红楼梦》主要是宣扬"色""空"观念；有的认为第三回是总纲，这就得出《红楼梦》只是写宝黛"爱情悲剧"的结论。他们的看法尽管形形色色，各有不同，但都站在地主资产阶级的立场，用主观唯心论的方法来研究《红楼梦》，这就必然夸大它的消极面，从而歪曲、贬低、甚至否定《红楼梦》的积极的社会意义。
>
> 我们认为，《红楼梦》是一部没落封建社会的百科全书，是形象的政治历史小说。它反映了以贾府为首的四大家族的盛衰，反映了残酷的阶级压迫与激烈的阶级斗争，反映了封建社会官僚机构、封建礼教等上层建筑的腐败，透过它们，看到了封建社会必然崩溃的历史命运。而第四回则是全书的总纲，它体现了作品的主题思想，反映了书中带根本性的问题，规定了主要情节发展的总趋势。

教科书的编者也持这种立场。如辽宁本（1974）中《护官符》的课后提示称："它是全书的总纲。通过门子对'护官符'的解说和贾雨村断案的故事，把批判的笔锋指向整个封建社会和封建制度，特别是对封建社会里官绅勾结，贪赃枉法，残害人民的罪恶，

61

[①] 最近有人著文指出，毛泽东早在 1964 年 8 月所作的《关于哲学问题讲话》中就明确指出应从阶级斗争的角度去分析《红楼梦》，第四回才是全书的总纲："《红楼梦》我读了五遍，也没有受影响。我是把它当作历史读的，开头当故事读，后来当历史读。什么人看《红楼梦》都不注意第四回，其实这一回是《红楼梦》的总纲……讲护官符，提出四大家族……《红楼梦》阶级斗争激烈，有好几十条人命……只有用阶级分析，才能把它分析清楚。"著者认为："《红楼梦》在全国一时如此普及，研究人员如此众多，与毛的这一讲话推动也不无关系。"吴江《亲聆毛泽东"关于哲学问题讲话"》，《文汇读书周报》，2014 年 4 月 7 日第 15 版。

[②] 湖北省中小学教学教材研究室编《湖北省高中语文试用课本补充参考资料（第一、三册）》，武汉：湖北人民出版社，1974年版第 80 页。

作了深刻的揭露和抨击。"河南本(1975)《葫芦僧判断葫芦案》的课后提示称,课文所选这一节"已经为全书所描写的阶级斗争揭开了序幕"。又如陕西本(1977)的阅读提示称,《护官符》的主题"也是《红楼梦》全书所描写的基本主题。因此,它(《护官符》——引者)是全书的总纲,是阅读和理解《红楼梦》的钥匙"。如果像以前那样把《红楼梦》当成一部言情小说,那么其总纲应该是第三回。不过,在革命者看来,只有资产阶级才谈情说爱,而无产阶级只谈阶级斗争,所以不会把《红楼梦》当成言情小说,更不会选宝黛互诉衷肠的《诉肺腑》了。

对节选部分也是用阶级分析的方法来解读。如辽宁本(1974)中《护官符》的课后练习:"一 本文暴露了中国封建社会怎样的现实? 学完本课后,你对封建社会有什么认识? 二 用阶级和阶级斗争的观点分析《护官符》上的俗谚口碑。"吉林本(1974)中《护官符》的课后练习一为"学习了《护官符》之后,你对封建社会有什么认识?"福建省中学课本《语文》(1974)第12课《护官符》的课后思考与练习为:"1.这篇课文是怎样深刻地揭露了封建社会黑暗政治的本质的? 2.用阶级和阶级斗争的观点分析《护官符》上的俗谚口碑。这四句话反映了当时什么样的社会现实?"天津本(1975)中《护官符》的课后练习一为:"《护官符》是怎样通过描写六亲共运,同荣同损的关系,深刻揭露和批判了没落腐朽的封建制度? 谈谈你对封建社会阶级关系和整个封建制度必然灭亡的认识。"山西本(1978)的课后练习一为:"《护官符》是怎样揭露封建社会的腐朽黑暗的? 谈谈学了这篇课文,对封建社会地主阶级专政的反动本质有什么认识。"

同时,对主要人物也进行了阶级划分,将四大家族等权贵归入统治阶级自不必说,就是对贾雨村和门子这两个人物也进行了进一步的甄别,如辽宁本(1974)中《护官符》的"提示"称贾雨村"是一个虚伪诡诈,徇私舞弊的封建官吏的典型",大概他同时又是一位"知识分子",而在"文革"中知识分子是被打倒的对象,所以编者并没有同时指出他作为一个底层官员所受的欺压和面对这种制度所表现的无奈;倒是对门子表示了同情:"门子是封建衙门里最下层人物的代表,既是帮凶,又是受害者。"其他版本的教科书,多做如是解读。

1979年1月,北京师范大学学报资料室编写的《中学语文选析》中选录了薛文的《〈葫芦僧判断葫芦案〉试析》(原载《北京师范大学学报》(社会科学版)1978年第5期)。该文在介绍《红楼梦》时仍只字不提其写了宝黛爱情。山西省中小学教材编审室编《全日制十年制初中语文第六册教学参考资料(教师用书)》(山西人民出版社,1979年8月第2版)的第24课《葫芦僧判断葫芦案》在评介《红楼梦》时,虽然没有提到宝黛爱情,但是提到:"作者在批判和揭露封建社会丑恶现实的同时,还通过一些具有叛逆性格的艺术形象,反映了反封建礼教束缚、争取婚姻自主的民主性的要求。这在那个时代是具有进步作用的。"不过,当时正处在揭批"四人帮"的罪行以及遵照毛主席"千万不要忘记阶级斗争"的氛围中,所以编者不仅仍然反对将《红楼梦》当成一篇言情小说,而且又将其中的《葫芦僧判断葫芦案》当成了"揭批'四人帮'篡改、歪曲历史,古为帮用的罪行"的材料:

> "护官符"是《红楼梦》全书的缩影,是全书的总纲。故事点出了贾、史、王、薛四大封建家族,揭出了他们的吃人本质。这节文字虽然只写了当时阶级斗争的一个侧面,写薛蟠打死冯渊这一条人命,却为全书展示了四大封建家族勾结起来,制造更多这样的悲剧,揭开了序幕,提出了全书的总纲。资产阶级野心家、阴谋家江青否认第四回在全书中的总纲地位,把《好了歌》代替四句"俗谚口碑",篡改《红楼梦》的主题,极力宣扬"爱情悲剧",反对《红楼梦》是一部政治小说,散布修正主义的"红学",为她篡党夺权制造反革命舆论。
>
> 贾、史、王、薛"四大封建家族"和王、张、江、姚"四人帮"都有共同的剥削阶级的反动本质。"四人帮"为了篡党夺权,互相勾结,连结成帮,是资产阶级在党内的典型代表,他们利用手中的权力,极力扩大资产阶级权利,穷奢极欲,草菅人命,是骑在劳动人民头上的吸血鬼,是祸国殃民的害人虫。

江青发起新一轮的评红运动是巩固《红楼梦》作为政治小说的地位,她是要"禁止说《红楼梦》里明写的'爱情'而要把它解释成'阶级斗争''政治斗争'或'复辟反复辟斗争'"[①],所以此处有关江青宣扬《红楼梦》是爱情悲剧,否认其第四回不是全书总纲的说法不知所本,应该是论者(编者)别有目的、故意为之的;而将四大家族与四人帮做简单比附,更令人啼笑皆非!

从"批林批孔"到揭批"四人帮",都用上了《红楼梦》,可见这一时期对《红楼梦》的任何阐释都是根据政治需要而进行的!《红楼梦》只是政治斗争、政治教育的工具而已!

1978年,人民教育出版社编写的初中课本《语文》的第6册节选的篇目仍然是《葫芦僧判断葫芦案》,仍然用阶级分析的方法来评介《红楼梦》、阐释节选的课文,但是编者在注释和练习中已很少用"阶级"一词了。这册教科书在1980年7月出版修订版

---

① 白盾主编《红楼梦研究史论》,天津:天津人民出版社,1997年版第446页。

时,编者在注释中又对原有的对《红楼梦》的评介做了调整:

> 《红楼梦》是我国一部最优秀的古典小说。这部小说描写了贾宝玉和林黛玉的爱情悲剧,以及贾、王、史、薛"四大家族"的衰落过程,反映了封建社会残酷的阶级压迫,揭露了封建制度的黑暗和腐朽,显示了它必然崩溃、灭亡的历史趋势。但《红楼梦》也掺杂着一些唯心主义宿命论的糟粕。

其中"贾宝玉和林黛玉的爱情悲剧,以及"等是修订时新加的,这种对《红楼梦》的评介类似于1956年版《初级中学课本文学》的第4册对《红楼梦》的阐释。人民教育出版社作为国家最高的教育出版机构以这种形式重新确立了对《红楼梦》主题的认识,这和当时"拨乱反正"的政治形势是密不可分的。虽然这种阐释还遗存了阶级论的成分,但是爱情说的重新登场且居于主位,则宣告了《红楼梦》在语文教育中的接受迎来了一个新的阶段。

第三章

《红楼梦》与新时期新世纪
语文教育（1980—2016）

1980 年之后，随着改革开放的深入，学界竞相引入域外的各种政治、文化思潮，社会也发生过剧烈的变动；同时，政治对《红楼梦》研究的影响减弱，《红楼梦》研究日趋深入，学界对《红楼梦》的认识也变得客观、全面。但是，语文教育界并没完全与思想界、学术界同步互动，而是根据自身对语文课程性质的认识来确定《红楼梦》的选文标准，赋予其特定的教学功能。《红楼梦》在 1980—2016 年的接受情形，大致可以分成政治思想性延续、基础工具性强化时期（1980—1996）和基础工具性弱化、人文实践性高涨时期（1997—2006）两个较大的时期，每个时期又分成不同发展阶段，其间有关《红楼梦》的选文及阐释各有异同。本章将梳理 1980—2016 年其在语文教育中的接受历程，呈现多种阐释情形，分析相关的影响因素。

第一节　1980—1986：思想政治性延续期

虽然 1980 年中国进入改革开放时期，但是各方面对思想政治性的强调仍在延续，这也影响了语文教材对《红楼梦》的节选及其阐释。

一、大纲规定

1978 年颁布的全日制中小学语文教学大纲（试行草案）确立了语文课程基础工具性和思想政治性的观点，但又明显以思想政治性为主。如 1978 年颁布的《全日制十年制学校中学语文教学大纲（试行草案）》开篇连续引用了两段"毛主席教导说"并加以阐释，最后总结道："在语文教学中，思想政治教育和读写训练是辩证统一的。思想政治教育必须在读写训练的过程中进行，读写训练必须以正确的观点为指导，两者是相辅相成、互相促进的。"关于教材选文，虽然规定"入选的课文应当思想内容好，语言文字好，适合教学"，但是又强调"课文的选取要遵循毛主席的教导，'以政治标准放在第一位，以艺术标准放在第二位'，要求'政治和艺术形式的统一，内容和形式的统一，革命的政治内容和尽可能完美的艺术形式的统一'"。[①]

1980 年 2 月颁布的全日制中小学语文教学大纲虽然也强调思想政治教育的必要性，但已有所弱化。大纲先是将此前的"毛主席教导说"改为"毛泽东同志指出"，并将 1978 年大纲中的"毛主席教导说：'在现在世界上，一切文化或文学艺术都是属于一定的阶级，属于一定的政治路线的。'语文课的思想性政治性很强，历来都是为一定阶级的政治服务的。我们的语文教学，必须高举毛主席的伟大旗帜，坚决贯彻执行党的十一大路线，深入批判'四人帮'，全面贯彻党的教育方针"[②]全部删除，并在总结时将语文训练置于思想政治教育之前，且指出思想政治教育要根据语文教育的特点融入语文训练之中："语文课在进行读写训练的同时，还必须进行思想政治教育。思想政治教育必须根据语文课的特点进行，必须在读写训练的过程中进行，读写训练也必须以正确的观点为指导，二者是相辅相成、互相促进的。"关于教材选文，仍延续"文质兼美"及"适合教学"的三项标准，但是删除了上述"毛主席的教导"的内容：在"思想内容好"中指出，"选取古代的作品，要根据批判继承的原则，'首先检查它们对待人民的态度如何，在历史上有无进步意义，而分别采取不同态度'，决定取舍，对入选的古代作品中某些消极因素，要作分析批判"；在"语言文字好"中指出，"入选的古代作品，在语言文字和写作方法上要足以作为学习的借鉴"；在"适合学习"中指出，"课文要适合学生的年龄特征和接受能力，应该是在教师的指导下，经过一定的努力，学生能够理解和掌握的。

① 课程教材研究所编《20 世纪中国中小学课程标准·教学大纲汇编（语文卷）》，北京：人民教育出版社，2001 年版第 437、438 页。

② 课程教材研究所编《20 世纪中国中小学课程标准·教学大纲汇编（语文卷）》，北京：人民教育出版社，2001 年版第 437 页。

课文的篇幅不宜过长,根据教学的需要,有些长文章可以节选"。[1]

不过,两份教学大纲对有关《红楼梦》节选的规定有同有异:相同的是均将《葫芦僧判断葫芦案》放在初中三年级的最后一课,不同的是1978年大纲规定的"课文初选目录"的高二第三册第15课是"红楼梦(节选)"而没有提供具体的篇名,但是在1980年大纲中规定的高中"课文目录"中却没有出现任何《红楼梦》的节选篇目。[2]

此外,1981年8月4日,国家教委发出《颁发〈全日制六年制重点中学教学计划试行草案〉、〈全日制五年制中学教学计划试行草案的修订意见〉的通知》。五年制中学实行合科教学,六年制重点中学实行分科教学。1981年4月教育部颁布的《全日制六年制重点中学教学计划试行草案》在"课程设置说明"中写道:"语文课分阅读课和写作课。"[3]但是并没有制定专门的语文教学大纲,自然也就没有确定教材的选目,不过人民教育出版社和其他机构根据这份草案编写或出版了数套语文(阅读)实验教材。在这些教材中出现了《红楼梦》的节选。

二、教材收录

在上述语文课程性质观及语文教材选文标准的指导下,共有以下12套语文教材节选了《红楼梦》。

课文名称	教科书名称、册次	编者	出版社	时间、版次
葫芦僧判断葫芦案	全日制十年制学校初中课本《语文》第6册	中小学通用教材中学语文编写组	人民教育出版社	1980年6月第2版
林黛玉进贾府	全日制十年制学校高中课本《语文》第5册	中小学通用教材中学语文编写组	人民教育出版社	1980年12月第2版
接外孙贾母惜孤女	初中试用课本《语文》第6册	华东师范大学中文系华东师范大学第二附中中学语文试用教材编写组	华东师范大学出版社	1981年12月第1版

---

[1] 课程教材研究所编《20世纪中国中小学课程标准·教学大纲汇编(语文卷)》,北京:人民教育出版社,2001年版第458、459页。

[2] 课程教材研究所编《20世纪中国中小学课程标准·教学大纲汇编·语文卷》,北京:人民教育出版社,2001年版第454、470—474页。

[3] 课程教材研究所编《20世纪中国中小学课程标准·教学大纲汇编·课程(教学)计划卷》,北京:人民教育出版社,2001年版第339页。

课文名称	教科书名称、册次	编者	出版社	时间、版次
林黛玉进贾府	五年制中学高中课本《语文》第5册	人民教育出版社中学语文编辑室	人民教育出版社	1982年12月版
林黛玉进贾府	六年制中学高中课本《语文》第5册	人民教育出版社中学语文编辑室	人民教育出版社	1982年12月第1版
葫芦僧判断葫芦案	初级中学课本《语文》第6册	人民教育出版社中学语文编辑室	人民教育出版社	1983年4月第1版
林黛玉初进荣国府《红楼梦》简介	初中实验课本《语文》第6册	中央教育科学研究所教改实验小组	教育科学出版社	1983年5月第1版
葫芦僧判断葫芦案	四年制初中实验课本《语文》第7册	北京师范大学语文实验教材编写组	自印	1983年8月版
葫芦僧判断葫芦案	六年制重点中学初中语文课本《阅读》第6册	人民教育出版社中学语文室	人民教育出版社	1984年8月第1版
林黛玉进贾府	高级中学课本《语文》第5册	人民教育出版社中学语文编辑室	人民教育出版社	1984年9月第1版
葫芦僧判断葫芦案	初中（读写训练）实验教材《语文》第6册	广西教育学院教研室	中国人民解放军87458部队印刷厂印刷	1985年11月版
林黛玉进贾府（单元练习附《诉肺腑》全文）	六年制重点中学高中语文（试教本）《文学读本》下册	人民教育出版社中学语文室	人民教育出版社	1986年7月第1版、1988年4月第3次印刷

从总体上看,在这期间出版的12套语文教材中,初中多节选《红楼梦》的第四回"薄命女偏逢薄命郎　葫芦僧判断葫芦案",共5套;高中多节选其第三回"托内兄如海酬训教　接外孙贾母惜孤女",共5套;还有2套初中实验教材也节选了第三回。当时的语文教材出版实行国定制,即由人教社统一编写、发行,俗称"全国统编教材"(包括人教社出版的初高中实验教材),代表着官方的立场。同时,也允许一些其他出版机构出版一些根据《全日制六年制重点中学教学计划试行草案》(1981)精神编写供重点初中使用的实验教材。这些实验教材在篇目选择上,多数是将教学大纲中所列的基本篇目全部收录,然后新增一些篇目,也会调整选文所出现的学段,如上表中的初中试用课本《语文》(1981)和初中实验课本《语文》(1983)就选了第三回。

三、编者阐释

（一）对《红楼梦》的总体评价

1980—1986 年，多数教材编者对《红楼梦》的总体评价趋同，评价也较全面、客观，即认为其是中国古代最优秀的小说，思想性和艺术性俱佳。在介绍内容时不再像 1970 年代各地所出的中学《语文》教材那样只强调该书写了"'四大家族'的衰亡史"及"政治主题"而回避宝黛爱情。人民教育出版社 1978 年 7 月第 1 版全日制十年制学校初中课本《语文》第六册《葫芦僧判断葫芦案》的注释称："《红楼梦》是我国一部最优秀的古典小说。这部小说描写了贾、王、史、薛四大家族的衰亡史，反映了封建社会残酷的阶级压迫和激烈的阶级斗争，揭露了封建制度的黑暗和腐朽，显示了它必然崩溃、灭亡的历史趋势。但由于阶级和历史的局限，《红楼梦》也掺杂着一些唯心主义宿命论和悲观主义等糟粕。"[1]上述 1980 年人民教育出版社出版的全日制十年制学校初中课本《语文》对原版本的课文注释作了修订，称："《红楼梦》是我国一部最优秀的古典小说。这部小说描写了贾宝玉和林黛玉的爱情悲剧，以及贾、王、史、薛'四大家族'的衰落过程，反映了封建社会残酷的阶级压迫，揭露了封建制度的黑暗和腐朽，显示了它必然崩溃、灭亡的历史趋势。但《红楼梦》也掺杂着一些唯心主义宿命论的糟粕。"[2]人民教育出版社出版的初级中学课本《语文》(1983)、六年制重点中学初中语文课本《阅读》(1984)与之完全相同。华东师大初中试用课本《语文》(1981)、北京师大初中实验课本《语文》(1983)在注释中介绍《红楼梦》的内容及措辞几乎与其相同。以上各套教材均没有通过主题的分析来明确其属于政治小说还是人情小说。

初中实验课本《语文》(1983)中的知识短文《〈红楼梦〉简介》对《红楼梦》内容的概括与上述各书相同，但在具体分析时又呈现了一些新的说法：一是将其艺术成就具体化。在以上各书中，多是"古典小说的艺术最高峰""我国古代小说的最高成就"之类语焉不详的词句。《〈红楼梦〉简介》则从"作者善于塑造人物形象，而且成群地塑造出众多的典型人物""小说的结构宏伟而又安排自然""小说中的细节描写尤为出色"和"小说中的语言是近代白话，既洗练又自然"四方面分析了《红楼梦》杰出的艺术成就。二

69

---

[1] 中小学通用教材中学语文编写组编全日制十年制初中课本《语文》(第 6 册)，北京：人民教育出版社，1978 年版第 165 页。

[2] 中小学通用教材中学语文编写组编全日制十年制初中课本《语文》(第 6 册)，北京：人民教育出版社，1980 年版第 176 页。

是全面地分析其思想内容,除了像以上各书所提及的"反映"和"揭露"外,还指出"《红楼梦》先进的思想意义,主要表现在作者塑造了贾宝玉和林黛玉这两个具有叛逆性格的光辉形象",又提及其"不足"之处,并进行了具体的分析:①

> 《红楼梦》产生于封建社会,出自封建贵族出身的作家之手,不可避免地带有一些消极落后的因素,这是我们在阅读时应该注意的。一、作者敏锐地感到封建统治阶级趋向没落,但是受时代和阶级的局限,他不可能看到社会的出路,因而产生了人生如梦的色空观念。这种悲观主义的情调在作品中时有流露。二、宝黛爱情有反封建的思想意义,应该给予肯定。但是这种恋爱,当时普遍认为是不道德的行为。在封建礼教的重压下,他们只能隐蔽自己的感情,尤其是林黛玉常常用气恼、用眼泪回答宝玉的衷肠。书中许多恋爱的描写是那个时代、那个阶级的特有的病态表现。三、主人公贾宝玉对贾府的丫鬟们和男伶蒋玉菡的同情和关心,反映了他具有平等的思想观念。但是,大都以一种怜香惜玉的形式表现出来。这种贵族公子哥儿的习气和情调,很符合他的身份,然而却是不值得称道的。四、作者对封建贵族大家庭的罪恶深恶痛绝。但是另一方面他又对那个行将没落崩溃的阶级深为惋惜,对那种锦衣玉食的生活也有所留恋。这些思想和感情上的矛盾都是作者早年的锦绣生活和晚年的痛苦遭遇紧密联系着的,是作者进步的思想和落后的阶级意识的矛盾的反映。

虽然分析比较全面、辩证,但是明显带有"阶级分析法"的时代烙印。

也有编者提到《红楼梦》的主题争议问题。由人教社委托、广西负责编写并"吸收了人民教育出版社及全国其他兄弟省市过去和现行的语文教参成果"的全日制十年制学校初中课本《语文教学参考资料(第六册)》(广西人民出版社 1981 年 11 月第 1 版)在《葫芦僧判断葫芦案》的课文说明中称:"关于《红楼梦》的主题,历来都有争论,一般认为,小说以贾宝玉与林黛玉和薛宝钗之间的爱情悲剧为主要线索,通过对贾府没落衰亡过程的描绘,深沉地表达了作者对生性纯洁美好,却被封建社会的道德礼教所毒害、蒙骗、摧残、扼杀的一代青年女子的悲悼,揭示了封建社会不同类型的青年妇女的共同悲剧,鞭挞了造成这种悲剧的历史根源和社会根源,展示了封建社会必然走向崩溃的历史命运。"

① 中国教育科学研究所教改实验小组编《初中实验课本语文》第 6 册(试用本),教育科学出版社,1983 年版第 148 页。

不过,六年制重点中学高中语文(试教本)《文学读本》(1986)在作者介绍中明确《红楼梦》为人情小说,且宝黛爱情是主线:"《红楼梦》主要写的是贾宝玉和林黛玉爱情的悲剧故事……小说在描述这个爱情故事的同时,也写出了贾府由盛而衰的过程,广泛地展现了封建社会后期的社会生活图景,深刻地揭示了封建社会必然崩溃的趋势。这是一部伟大的现实主义作品,也是认识封建社会的'百科全书'。《红楼梦》在艺术技巧上也达到了新的高峰。首先,作者塑造了众多的富有魅力的人物形象,这些人物的性格特征,都是在错综复杂的情节发展中,从日常生活的各种矛盾中显现出来的,所以十分真实和丰满。其次,《红楼梦》的情节结构是非常完美的,它有两条线索,主线是贾宝玉和林黛玉的爱情悲剧,副线是他们所生活的这个封建贵族家庭的日趋崩溃和瓦解。两条线索错综交织,互为表里,深刻地表现了作品的主题思想。再有,小说在语言运用方面的成就,也达到了空前的高度。一是语言的通俗化,一是语言的个性化,堪称我国白话文学作品的典范。"不再提"糟粕"。这标志着我国官方编写的语文教科书对《红楼梦》总体评价的转向。

71

(二) 对节选部分的阐释

从初中多节选自《红楼梦》的第四回、高中多节选自第三回来看,多数编者认为这两回是《红楼梦》的总纲,通过学习这两回的节选,对《红楼梦》的思想内容和艺术形式就会有较为全面的把握。正如人民教育出版社六年制重点中学初中语文课本《阅读》(1984)第6册的编者在《葫芦僧判断葫芦案》的"自读提示"中说的:"长篇小说中有代表性的片断,好比全豹之一斑。这第四回(原题是'薄命女偏逢薄命郎,葫芦僧判断葫芦案')虽然属于《红楼梦》的序幕部分,但它的内容与全书许多故事情节有关,尤其是通过葫芦僧之口说出的'护官符',介绍了贾、王、史、薛四大家族,点明封建家族拥有巨大的财富和权势,这是阅读《红楼梦》时必须注意的一个十分重要的社会背景。"[1]选《林黛玉进贾府》自然也是因为通过林黛玉的所见所闻,介绍各种人物,并为宝黛爱情的发展做一铺垫。如六年制重点中学高中语文(试教本)《文学读本》(1986)该课的鉴赏提示称:"本文选自《红楼梦》第三回,写的是林黛玉刚一来到贾府的情况。在这个情节里,作者主要从林黛玉的眼中介绍了贾府的环境和主要人物,交代了他们之间的关系,并有重点地初步描写了几个人的性格,为以后情节的发展和人物性格的深入刻画做好准备。"[2]但是,很显然这两回的节选的内容多是批评封建官僚制度的黑暗和上流社会

① 人民教育出版社语文二室编三年制初级中学课本(试用本)《阅读》第六册,北京:人民教育出版社,1989年版第201页。
② 人民教育出版社中学语文室编六年制重点中学高中语文(试教本)《文学读本》下册,北京:人民教育出版社,1986年版第139页。

生活的奢华,虽然《林黛玉进贾府》写了宝黛初会,但对宝黛爱情着墨不多,所以这两篇节选的课文与"爱情主题"关系不大。

这一时期对《葫芦僧判断葫芦案》的阐释,有些还延续了 1970 年代的说法,如人民教育出版社 1978 年 7 月第 1 版全日制十年制学校初中课本《语文》第六册《葫芦僧判断葫芦案》的注释称:"本篇围绕着'护官符'所写的故事,又是第四回的中心。它通过葫芦僧解释'护官符'和贾雨村徇情枉法等情节,点出了贾、王、史、薛四大家族,并揭露了他们互相庇护、狼狈为奸和勾通官府、鱼肉人民的罪恶,为全书揭开了阶级斗争的序幕"。然而,全日制十年制学校初中课本《语文》(1980)在注释上基本延续了这种说法,只是删除了"阶级斗争"等词句,节选的这一段,"通过葫芦僧解释'护官符'和贾雨村徇情枉法等情节,点出了贾、王、史、薛'四大家族',并揭露了他们互相庇护、狼狈为奸和勾通官府、鱼肉人民的罪恶。"(人民教育出版社六年制重点中学初中语文课本《阅读》第 6 册该课的自读提示的表述与之一致)以上二书(1978、1980)课后的思考和练习第一、三题是"'护官符'对展开全篇的情节和表现作品的中心思想有什么作用?薛蟠犯了人命案依然逍遥法外,说明了什么?贾雨村明知事关人命的案子该怎样判,为什么却徇情枉法?思考这些问题,说说《葫芦僧判断葫芦案》揭露了封建制度怎样的本质?""门子是怎样一个人物?他和贾雨村是'贫贱之交',又为贾雨村出谋画策,最后还是被贾雨村'远远的充发了',这些说明了什么?"其他三题与语文训练相关,分别是分析课文是如何通过情节发展塑造贾雨村的性格的、解释词语和缩写课文。与之配套的全日制十年制学校初中课本《语文教学参考资料》(广西人民出版社 1981 年 11 月第 1 版)、《初级中学语文第六册教学参考书》(人民教育出版社 1985 年第 2 版)的阐释与教科书一致,前者确定本课的教学要求为:"1. 了解封建官场的黑暗和腐败,从而加深对封建社会的认识。2. 理解本文抓住典型事物展开情节,通过人物自身的言行刻画人物性格的写法。"北师大初中实验课本《语文》(1983)则将人教版《语文》中该课的注释及思考练习全部改编进该课的"初读指导"及注释中。

这期间为了规避僵化的"揭露封建制度说",编者采取了两种方式:一是淡化《葫芦僧判断葫芦案》和《林黛玉进贾府》的内容分析,侧重语文训练。

北京师大编四年制初中实验课本《语文》(1983)、广西教育学院教研室编初中(读写训练)实验教材《语文》(1985)均是以训练读写能力为主要目的的实验教材,将《葫芦僧判断葫芦案》选入其中也主要是将其作为语文训练材料来使用。

人民教育出版社出版的全日制十年制学校高中课本《语文》(1980)、五年制中学高中课本《语文》(1982)、人教版六年制中学高中课本《语文》(1982)和高级中学课本《语文》(1984)在《林黛玉进贾府》的课后思考和练习中所设置的四个题目均与语文训练有关,尤其是要求掌握人物描写方法和一些词语的含义。与之配套的《高级中学语文第五册教学参考书》(人民教育出版社 1984 年 11 月第 1 版)将教学要点设定为:"了解本文介绍人物时详、略、虚、实的写法。了解本文通过人物的外表、语言和行动表现人物性格的写法。了解古代白话小说中某些词义的变化。认识贾宝玉的叛逆性格。"涉及课文内容的学习很少。关于课文内容"课文说明"称:"课文以林黛玉进贾府这一事件为中心,通过林的所见所闻,介绍了贾府中一大批主要人物;突出了王熙凤和贾宝玉的性格特征;表现了贾宝玉初见黛玉的微妙感情,暗示了以后情节的发展。"

如前所述,实验教材主要是用来训练学生语文能力。华东师大初中试用课本《语文》(1981)节选的课文名称"接外孙贾母惜孤女"用的是《红楼梦》第三回回目名称的后半部分,内容从"且说黛玉自那日弃舟登岸时,便有荣府打发轿子并拉行李车辆伺候"至"那邢夫人答应了,遂带着黛玉和王夫人作辞,大家送至穿堂"。略去了宝黛初会的情节。该书"说明"称:"各册所选篇目数量比通用教材多,内容也比较深。"确实如此,因为这部分内容多出现在高中《语文》中,名为《林黛玉进贾府》。之所以删节,可能还是考虑初中生的心理特点(课文内容不宜涉及爱情)和能力水平(篇幅不宜过长)。同时,不是大力批判,而是将其当成古典小说的优秀代表,如将该文与《美猴王》(吴承恩)放在一起,也是从语文教育的角度去阐释,如其课后的练习参考题有二:"一 这篇课文是《红楼梦》的一个片断,描写了林黛玉初到贾府和王熙凤、贾母等人的出场。说说这个片断中的林黛玉和王熙凤给人怎样的印象,作者是怎样描写这两个人物的。二 作者通过什么方法有条理地描写荣国府的气派?从哪些方面描写荣国府的气派?描写荣国府的气派有什么作用?"

中央教育科学研究所教改实验小组编初中实验课本《语文》(1981)的第一册说明称:"试编这套初中阅读实验课本有两个目的:一是试图改革中学语文课的阅读教学,使教师培养学生的阅读能力有序可循;一是通过实验,探索阅读课的教学规律。"收入该套书第 6 册(1983)中的《林黛玉初进荣国府》课后所附的预习是"注意下列词语的词义(略)"。研究和讨论有三个问题:"1. 对王熙凤的外貌描写以及她对贾母、对王夫人、对林黛玉的言谈态度和举止,表现了这个人物怎样的性格? 2. 比较分析王熙凤和贾宝玉这两个人物的出场表现及其性格的关系。3. 这段故事中对王熙凤、贾宝玉的衣饰都做了细致的描写,而对林黛玉的衣饰却只字未提,为什么?关于林黛玉的外貌神志,直到宝玉出场,才通过这个男主人公的眼光作出描绘,这是为什么?"练习是"写一篇读后感"。即将其作为培养学生阅读能力的材料。

二是恢复《葫芦僧判断葫芦案》和《林黛玉进贾府》的文学特征,侧重文学欣赏。

1978 年之后,人们对文学的本质、功能认识产生了一些变化,多数学者不再提"文艺从属于政治"(文艺机械地反映社会历史现实)和"文艺为政治服务"(文艺是政治思想宣传的工具),而认为文艺是一种"审美的意识形态",全社会掀起了一股"美学热"。相应地,《红楼梦》也不再像"文革"期间那样被当作政治、历史课本,而是像之前那样被认为是言情、人道小说。对《红楼梦》主题的看法也由"政治说"转向"爱情说"。同时,对教育的本质和功能的认识也开始发生变化,由培养"战士"转向培养全面发展的人。1978 年 1 月 28 日颁布的《全日制十年制中小学教学计划试行草案》以黑体标示指出,"要认真贯彻'**教育必须为无产阶级政治服务,必须同生产劳动相结合',‘使受教育者在德育、智育、体育几方面都得到发展,成为有社会主义觉悟的有文化的劳动者'**"。① 1981 年颁布的《关于颁布〈全日制五年制小学教学计划(修订草案)〉的通知》,提出重视德智体全面发展,培养有理想、有道德、有知识、有体力的"一代新人"的要求。1984 年 8 月 15 日颁布的《关于全日制六年制小学教学计划的安排的意见》提出了美育的要求:"全面贯彻党的教育方针,促进少年儿童在德、智、体、美诸方面,更加生动活泼地主动地发展。"② 文学作品的阅读教学恰是美育的一条重要途径。

正是在这样的背景下,在六年制重点中学高中语文(试教本)《文学读本》(1986)中出现了与上述教材不同的阐释。人教社编写的这套实验教材由供阅读教学使用的《文言读本》《文学读本》《文化读本》和供写作教学之用的《写作》组成。其中收录《林黛玉进贾府》的《文学读本》的前言称:"文学是以语言为手段形象地反映社会生活的一种艺术,也是帮助年轻一代学习语言、认识生活和提高思想品德修养的有力工具。在中学阶段,通过语文教学进行初步的文学教育,不但能全面提高语文能力,而且能促进德育、智育和美育几个方面的发展,这是全面贯彻党的教育方针的需要,也是提高我们民族文化素质的需要。""在文学阅读训练的过程中,使学生潜移默化地受到熏陶和感染,培养审美能力,提高认识能力,发展想象能力和思维能力。"也就是说,《林黛玉进贾府》是作为进行文学教育、培养审美能力的手段来使用的。再加上可能编者是觉得在高中提及爱情不再是禁忌,于是视《红楼梦》为人情小说,不再用"表现了贾宝玉初见黛玉的微妙感情"之类的语句一笔带过,而是在课后习题和单元练习中均突出宝黛爱情,如其

---

① 课程教材研究所编《20 世纪中国中小学课程标准·教学大纲汇编课程(教学)计划卷》,北京:人民教育出版社,2001 年版第 326 页。

② 课程教材研究所编《20 世纪中国中小学课程标准·教学大纲汇编·课程(教学)计划卷》,北京:人民教育出版社,2001 年版第 344 页。

课后练习有二："一、本文写王熙凤和贾宝玉的出场,既突出地刻画了人物的性格特征,也点出了人物之间的关系,这与以后人物性格的塑造和情节的发展是密切相关的。例如贾母和王夫人对贾宝玉是溺爱的,但是对贾宝玉的思想行动又是不赞同的,这与以后终于毁灭了贾宝玉和林黛玉的爱情而使薛宝钗与贾宝玉成了婚是有必然的联系的。在本文中哪里点出了这一方面,试举出来加以说明。二、学习本文描述人物出场的方法写一段故事,其中要有一个出场的人物,要从他的外貌、行动和对话显示出他的性格特征。"单元练习一是探讨环境与事件描写与人物塑造的关系,练习二为"阅读《诉肺腑》(节选自《红楼梦》第三十一回、三十二回)一文,在全面理解的基础上,择要回答以下三个问题:1. 从人物对话中可以看出宝玉、黛玉跟湘云、宝钗、袭人的思想和志趣有什么不同? 2. 宝玉和黛玉的爱情是建立在什么基础上的? 3. 本文在刻画人物的性格特点时,主要运用了哪些艺术手法?"然后呈现《诉肺腑》全文。作为官方编订的教材,编者一般会按照惯例在高中选入《林黛玉进贾府》,但是作为实验教材,编者又在其中通过上述方式表达了自己对《红楼梦》和《林黛玉进贾府》的理解,显然《诉肺腑》相比《林黛玉进贾府》中对宝黛爱情的"暗示"显得更为直接。

75

四、教师阐释

当时已有出版社组织教师编写教材分析和教案。这些大致反映了当时教师的阐释情形。

(一) 对《红楼梦》的总体评价

多数教师照搬人教社《语文》教科书对《红楼梦》的评价,如北京师范大学编辑部编(原主编为黄岳洲)并于1981年编印、1985年正式出版的《初中语文教案》收录的王人浚编写的《葫芦僧判断葫芦案》的教案,只是对课文注释中有关《红楼梦》的介绍做了一点解说[①]。此外,王凤主编的《简明语文知识辞典》(湖北人民出版社1983年版)、浙江教育学院教研部中学语文组与杭州市教育局教研室合编的《高中复习用书·语文》(浙江教育出版社1984年版)、河北师范学院《语文知识词典》编写组编写的《语文知识词典》(河北人民出版社1984年版)、哈尔滨市第三中学语文组编的《1986年高考复习指导·语文》(黑龙江教育出版社1986年版)等对《红楼梦》的评价与人教版《语文》教科书相同。

[①] 北京师范大学出版社编辑部编《初中语文教案(第六册)》,北京:北京师范大学出版社,1984年版第175—176页。

不过也有教师提出了新的看法。北京师范大学出版社于 1982 年 10 月组织北京市语文教师编写的《初中语文教材新探》于 1984 年 12 月出版。其中樊善国负责编写的《葫芦僧判断葫芦案》对《红楼梦》的评价与教科书编者已有明显不同，明确提出全书以写宝黛爱情为主，以写四大家族的衰亡为辅："《红楼梦》以贾宝玉、林黛玉的爱情为主线，旁及封建贵族家庭形形色色的人物……在宝黛爱情主线之外，作者还真实地描绘了贾、史、王、薛四大家族由盛到衰的历史，深刻地反映了当时社会的阶级矛盾和新旧思想的矛盾……《红楼梦》是我国封建社会的一部奇书，它的高超的艺术技巧可以说是雄视百代。无论是人物塑造、结构安排、细节描写等都达到了古典小说的顶峰，难怪鲁迅先生说：'自有《红楼梦》出来以后，传统的思想和写法都打破了。'"之所以产生新的认识，应该是作者汲取了当时的红学研究成果，这从作者将 1980 年人民文学出版社出版的张毕来著《漫说红楼》和 1981 年百花文艺出版社出版的《红学论文选》关于贾雨村的评价的片段作为附录可以看出①。

（二）对节选部分的阐释

上述王人浚、樊善国对《葫芦僧判断葫芦案》的分析，对贾雨村等人的评价与人教社出版的教参没有差异。不过，樊善国特地指出课文在艺术上的三个特点：人物形象鲜明生动、结构严谨、细节传神②。

总之，随着智育、美育受到重视，虽然思想政治教育还在延续，但是人们对《红楼梦》及其选目的阐释与在以德育为主的语境中的阐释已有较大的变化，不再将《红楼梦》单纯地视为政治历史小说，而重新认为是言情人道小说，对其主题的认识由"政治说"转向"爱情说"，对其解读由重思想内容转向兼顾艺术形式；关于选目开始以练习的形式呈现《葫芦僧判断葫芦案》和《林黛玉进贾府》之外的篇目《诉肺腑》，一方面将其当成语文训练的工具，另一方面将其作为文学教育的材料，开始兼顾《林黛玉进贾府》中宝黛初会中的爱情元素。

第二节　1987—1996：基础工具性强化期

这段时间虽然政治形势有所变化，不过语文教育在追求科学化的道路上对教科书

① 本社编《初中语文教材新探（第六册）》，北京：北京师范大学出版社，1984 年版第 174—183 页。

② 本社编《初中语文教材新探（第六册）》，北京：北京师范大学出版社，1984 年版第 181 页。

选文功能的认识发生了很大的变化；又因为实行教科书审定制，所以教科书对《红楼梦》的选篇和阐释又发生了一些较大的变化。

一、大纲规定

语文教育科学化的思潮产生于 1978 年，当年 3 月吕叔湘在《人民日报》针对"文革"期间的语文教育的"少慢差费"的现象提出了批评："中小学语文课所用教学时间在各门课程中历来居首位。新近公布的《全日制十年制中小学教学计划试行草案》规定，十年上课总时数是 9160 课时，语文是 2749 课时，恰好是 30％。十年的时间，二千七百多课时，用来学本国语文，却是大多数不过关，岂非咄咄怪事！"[①]于是"多快好省"的高效教学成为语文教育研究的根本方向。张志公等人连续发表多篇标题带有"科学化""科学性"字眼的文章。语文教育科学化的一个重要表征就是强化语文课程的工具性，为了体现工具性，建立语文基本知识、基础技能的体系成为一个重要的途径。其主要标志是 1986 年《全日制中学语文教学大纲》颁布。这份课程标准开篇即强调了语文课程的基础工具性质："语文是从事学习和工作的基础工具。普通教育阶段的各门学科都是基础学科，语文则是学习各门学科必须掌握的基础工具。"并将此前篇首的语文训练和思想教育的关系论述放进了"教学中应该重视的问题"中。更为重要的是，出现了"各年级语文基本能力和基础知识教学要求"，并详细列出初一至高三 61 个听说读写能力点和 19 个基础知识点。1988 年颁布的《九年义务教育全日制初级语文教学大纲（初审稿）》更是第一次在"教学要求"和"教学内容"中详细地列出了基础知识和能力训练点。虽然 1989 年 10 月至 1991 年 11 月人民教育出版社出版了初高中各 6 册《语文补充教材》，但是整个语文教育并没有折回到重思想政治教育的老路上去，而是在科学化的道路上越走越远。1990 年颁布的《全日制中学语文教学大纲（修订本）》甚至将有关语文训练与思想教育关系的论述删除，而且列出了更为详细的初一至高三 60 个能力训练点和 16 个基础知识点。虽然 1991 年颁布了《中小学语文学科思想政治教育纲要（试用）》作为"现行语文教学大纲的补充"，但是语文科学化的发展并没受到多大影响。除此之外，科学化在教学时表现为教师将知识、技能讲深讲透并进行大量反复的练习，考试以标准化试题为主。

在上述 4 份课程文件中，多将"文质兼美、适合教学"作为选文的标准，均在"教材

① 吕叔湘著《吕叔湘语文论集》，北京：商务印书馆，1983 年版第 337 页。

基本篇目"中分别将《葫芦僧判断葫芦案》和《林黛玉进贾府》列为初高中语文教材的基本篇目①。所以,1987年开始出版的语文教材一般会选入这两篇选文。但是,在基础工具性视野下,这两篇选文的功能及呈现方式必然会发生一些改变。

同时,一味地将文学作品作为语文基础知识传授和基本技能训练的材料,将课文肢解,忽视了其中的审美因素及学生在学习过程中获得的情感体验,也引起人们的警觉,遭到批评,所以要实行真正的文学教育,培养学生的审美鉴赏能力也被提倡。这些因素也影响了教材所节选的《红楼梦》篇目及阐释的变化。1996年颁布的供1997年秋季在天津、江西、山西实验的《全日制普通高级中学语文教学大纲(供试验用)》出现了"陶冶情操"及"培养健康高尚的审美情趣和一定的审美能力"等与文学教育相关的规定②。

二、教材收录

1987年10月,教育部颁布了《全国中小学教材审定委员会工作章程》《中小学教材审定标准》《中小学教材送审办法》。我国教材编审制度进入了审定制,此前的实验教材根据教学大纲修订开始由各出版机构正式出版。收入《红楼梦》选篇的教材至少有如下16套。

课文名称	教科书名称、册次	编者	出版社	时间、版次
葫芦僧判断葫芦案	四年制初中实验课本《语文》第7册	北京师范大学语文实验教材编写组	自印	1987年3月版
葫芦僧判断葫芦案 文化知识:曹雪芹与《红楼梦》 自读诗选:题石头记	九年义务教育初中语文试验课本《语文》第5册	广西教育学院教研部	广西教育出版社	1987年7月第1版、1995年6月第2版第4次印刷
葫芦僧判断葫芦案	初级中学课本《语文》第5册	人民教育出版社语文一室	人民教育出版社	1987年11月第2版
林黛玉进贾府	高级中学课本《语文》第4册	人民教育出版社语文二室	人民教育出版社	1988年4月第2版

---

① 课程教材研究所编《20世纪中国中小学课程标准·教学大纲汇编·语文卷》,北京:人民教育出版社,2001年版第458—540页。

② 课程教材研究所编《20世纪中国中小学课程标准·教学大纲汇编(语文卷)》,北京:人民教育出版社,2001年版第535页。

课文名称	教科书名称、册次	编者	出版社	时间、版次
葫芦僧判断葫芦案	三年制初级中学语文课本(试用本)《阅读》第6册	人民教育出版社语文二室	人民教育出版社	1989年5月第1版
林黛玉进贾府	高级中学课本《语文》第4册(必修)	人民教育出版社语文二室	人民教育出版社	1991年4月第1版
葫芦僧判断葫芦案	九年义务教育三年制初级中学试用课本《阅读》第5册	欧阳代娜	辽宁教育出版社	1992年5月第1版、1996年5月第2次印刷
刘姥姥游赏大观园	义务教育初级中学课本(试用)《语文》第4册	浙江省义务教育教材编委会	浙江教育出版社	1992年12月第1版
宝玉挨打伟大的文学家曹雪芹和《红楼梦》	九年义务教育河北省初级中学乡土教材《语文》第3册	河北省教育科学研究所	河北大学出版社	1994年11月第1版
葫芦僧判断葫芦案	九年义务教育三年制初级中学教科书《语文》第6册	人民教育出版社中学语文一室	人民教育出版社	1995年4月第1版
林黛玉进贾府	高级中学课本《语文》第4册(必修)	人民教育出版社中学语文室	人民教育出版社	1995年6月第2版
葫芦僧判断葫芦案	九年义务教育三年制初级中学试用课本《语文》第6册	颜振遥	四川教育出版社	1995年10月第1版
葫芦僧判断葫芦案	九年义务教育三年制初级中学课本《语文》第4册	张志公	北京大学出版社	1995年11月第1版
葫芦僧判断葫芦案	九年义务教育四年制初级中学教科书《语文》第8册	人民教育出版社中学语文编辑室	人民教育出版社	1996年4月第1版
葫芦僧判断葫芦案葬花辞附:《一曲〈葬花吟〉,万重悲愤情》	河北省义务教育三年制初级中学教材《语文》第4、第6册	郑祥五、孟宪和主编	教育科学出版社	1996年11月第2版
葫芦僧判断葫芦案	九年义务教育四年制初级中学试用课本《语文》第8册	"五四"学制教材总编委会	北京师范大学出版社	1996年11月第2版

综观这一时期人民教育出版社及其他出版社出版的各种《语文》教材,选自《红楼

梦》的课文仍然以《葫芦僧判断葫芦案》和《林黛玉进贾府》为主，分别有 11 套和 3 套，而且被分别定型为初中和高中的课文。除此之外，还出现了一些与这两篇被视为"总纲"性质不同的新篇目，如《题石头记》《刘姥姥游赏大观园》《宝玉挨打》和《葬花辞》。

这一时期实验课本还有以下三套，均有可能收录了《红楼梦》选篇。如 1989 年 7 月九年义务教育教材（沿海地区）编写委员会编、广东高等教育出版社出版的九年义务教育初级中学试用课本《语文》，第 2 册的前言称："根据国家教育委员会颁发的九年制义务教育《全日制初级中学语文教学大纲》的要求和沿海开放地区的特点而编写的。"目前仅见其 1—5 册。1992 年义务教育三年制初级中学编写组编写、江苏教育出版社出版的《义务教育三年制初级中学"单元合成　整体训练"〈语文〉（试用本）》与其配套的《教学参考书》第 1 册的说明称："以义务教育初级中学教学大纲（初审稿）为指导。"目前未见到该书。这两套教材均有可能也收入此文，因为 1988 年颁布的《九年制义务教育全日制初级中学语文教学大纲（初审稿）》的"教材基本篇目"中有《葫芦僧判断葫芦案》。还有 1992 年高原、刘胐胐主编，北京师范大学出版社出版的实验教材《朗读——研读——速读：阅读三级训练课本》。该书第 1 册的说明称："所选的课文包括初级中学语文教学大纲规定的全部基本篇目。"目前仅见其 1、2 册。该教材有可能也收入《葫芦僧判断葫芦案》，因为 1992 年颁布的《九年义务教育全日制初级中学教学大纲（试用）》的"基本课文篇目"中有该文。

三、编者阐释

（一）对《红楼梦》的总体评价

虽然人民教育出版社出版的初级中学课本《语文》（1987）等通用教材的编者不再否定《红楼梦》同时写了宝黛爱情悲剧和四大家族衰亡历史，但是在认识其性质上，不同教材的编者之间也有分歧：一是政治小说。如广西教育学院教研室编的九年义务教育初中语文试验课本《语文》（1987）在《葫芦僧判断葫芦案》的预习参考中强调："第四回在《红楼梦》中占有十分重要的地位，它是阅读这部小说的一个纲领性章节，全书有许多故事情节都与这一回有联系，小说中的'护官符'是贵族官僚互相勾结、压迫人民群众的血腥罪证，它不仅揭穿了葫芦案的秘密，也是一条纵贯全书的线索。"在文化知识《曹雪芹与〈红楼梦〉》中对《红楼梦》的评价没有涉及其艺术成就，而专门分析其思想内容："这部小说产生于十八世纪中叶，中国封建社会行将崩溃的前夜，是一部形象化的中国社会的没落史。全书 120 回，约 110 多万字，描写了贾宝玉和林黛玉的爱情悲剧,以及贾、王、史、薛'四大家族'的衰落过程,反映了封建社会残酷的阶级压迫,揭露了封建制度的黑暗和腐朽,显示了它的必然崩溃、灭亡的历史趋势。小说深刻地揭露了封建官僚地主阶级的生活内容,涉及到封建制度的几乎全部问题,中国几千年的封建社会,在这部小说里留下了完整而真实的形象,所以,《红楼梦》是我们了解什么是封建社会的一部不可不读的好书。"其后自读诗选《题石头记》("满纸荒唐言,一把辛酸泪!都云作者痴,谁解其中味。")更是把"痴"解读为"迷恋儿女之情",并认为曹雪芹在诗中否定爱情主题说。编者拟的题解称:"这是《红楼梦》第一回中的一首五言绝句,也可以说是作者给读者阅读《红楼梦》的提示诗。"并将该诗意译为"满纸都是离经叛道的话,浸透着一把辛酸的眼泪!都说作者迷恋儿女之情,可谁能理解作品的精髓?"

二是人情小说。如人民教育出版社出版的高级中学课本《语文》(1988、1991、1995)在《林黛玉进贾府》的预习提示中明确宝黛爱情是主线、四大家族衰败只是背景:"《红楼梦》这部不朽的作品,以它丰富的生活内容、深刻的思想意义和高度的艺术成就达到了中国古典文学发展史上的高峰。它以贾、史、王、薛四大家族的兴衰为背景,以贾宝玉和林黛玉的爱情悲剧为主线,真实而艺术地反映了我国封建社会走向衰亡的历史趋势。"延续了六年制重点中学高中语文(试教本)《文学读本》(1986)的看法。这从与教材配套的《教学参考书》(人民教育出版社1995年6月第2版)对《红楼梦》前五回的交代也可以看出:第一回开篇,以"女娲补天"和"木石前盟"的故事为楔子,为塑造宝玉性格和描写宝黛爱情"染上一层浪漫主义色彩"。第二回通过"冷子兴演说荣国府"交代贾府人物。第三回通过"林黛玉进贾府"介绍小说的典型环境。第四回通过"葫芦僧判断葫芦案"来"展现小说更广阔的社会背景"。第五回"是全书的总纲",通过贾宝玉梦游太虚幻境,利用画册、判词及歌曲等,含蓄地将《红楼梦》中众多人物的结局交代出来。很显然,在编者眼里,以前被视为总纲的第三、第四回均不是总纲,只有暗示"人物命运"的第五回才是,可见是将其定位为人情小说。

河北省义务教育三年制初级中学教材《语文教学参考书》(教育科学出版社1996年版)第6册更是认为《红楼梦》是一曲女性的悲歌,是以"十二钗"为代表来写女性悲剧的人情小说:"《红楼梦》(又名《石头记》),是一部自传体小说,作者要借'通灵'(宝玉)的形象把自己的经历告知天下人。《红楼梦》是一部最能理解妇女生活和思想的书。贯穿全书的主人公虽然是贾宝玉(有着作者影子),但就某种意义上看,贾宝玉不过是对'十二钗'言行随时评论的评论家。《红楼梦》正是通过对以'十二钗'为代表的众多妇女形象的塑造,写出了封建末世的妇女在封建宗法、礼教制度的桎梏下所走过的悲剧道路,从而反映了社会的黑暗和时代的没落。"

（二）对节选部分的阐释

从总体上看,1986 年之后选择《葫芦僧判断葫芦案》已不仅从内容上将其作为"总纲"来看待,更多的是从形式上将其作为语文学习的范例,如人民教育出版社出版的九年义务教育三年制初级中学教科书《语文》(1995)中该课的预习提示写道:"这篇课文在情节安排、形象塑造、语言运用等方面,都具有鲜明的特色,集中体现了《红楼梦》的高超艺术。"如北京大学出版社出版的九年义务教育三年制初级中学课本《语文》(1995)的《葫芦僧判断葫芦案》的提示称:"课文节选自《红楼梦》第四回。这一回的内容与全书许多重要情节有关,其中所谓'护官符'概说了贾、史、王、薛四大家族的富有和权势……这篇课文读懂了,有助于认识封建社会的黑暗与腐败,也为欣赏《红楼梦》全书打下基础。课文在情节安排、形象塑造、语言运用等方面,很有特色,从中可见《红楼梦》艺术成就之一斑。"之所以选择《林黛玉进贾府》也是因为将其当成"序幕"来看待,如人民教育出版社出版的高级中学课本《语文》(1988、1991、1995),1995 年版在该课的预习提示中写道:"课文以林黛玉进贾府这一事件为中心,以她当天的行踪为线索,通过她的目睹、耳闻、心感介绍了贾府一大批重要人物,初步展现了贾府——这一全书典型环境的概貌,拉开了《红楼梦》故事发展的帷幕。"河北省义务教育三年制初级中学教材《语文》(1996)将《红楼梦》确定为写女性悲剧人情小说,所以选择了最能反映主人公之一林黛玉悲苦心声的《葬花辞》。

北京师大在四年制初中实验课本《语文》1983 年版的基础上修订而成的 1987 版以及人教社 1987 至 1996 年出版的各种初中《语文》(含《阅读》)教科书及与之配套的教学参考书对《红楼梦》的总体评价及对《葫芦僧判断葫芦案》的内容及主题的阐释与人教社 1980 至 1986 年出版的《语文》教科书没有明显的变化,如人民教育出版社出版的九年义务教育四年制初级中学教科书《语文》(1996)在该课预习提示开头写道:"本文故事虽短,却反映了封建社会的黑暗和腐败。达官巨贾买婢蓄妾,恶主豪奴视人命如儿戏;而居上位者则徇情枉法,草菅人命。"又如人民教育出版社 1995 年版九年义务教育三年制初级中学《语文第六册教师教学用书》对两个主要人物的分析:"贾雨村是一个老奸巨猾、利欲熏心、上谄下陷、手毒心狠的封建官僚。门子出身低微,是封建衙门里的下层人物。他熟悉官场内幕,养成了趋炎附势的恶习和刁滑的奴才性格。他为主子效劳,希望成为心腹,捞点油水,最后却落得个'充发'的下场。"人民教育出版社在三年制初级中学语文课本(试用本)《阅读》1984 年版基础上修订而成的 1989 版对《红楼梦》及选作课文的《葫芦僧判断葫芦案》的评价、阐释也没有变化。

不过,人民教育出版社出版的初级中学课本《语文》(1987)第 5 册在《葫芦僧判断葫芦案》的课文呈现方式上出现了较大的变化：一是在课前列出"通过对话表现人物性格"和"随情节发展逐步表现人物性格"两条"学习重点"，均属于语文知识、技能方面。二是课文后分思考和练习两部分以语文训练为主。思考是"本文的主要人物是谁？故事情节分成几个阶段？""'护官符'对开展全篇的情节有什么作用？薛蟠犯了人命案依然逍遥法外，这说明了什么？"主要涉及文章内容的理解。练习有四大题，主要是语文训练。前两题是标准化考试常见的选择、填空，后两题是问答、解词："一 全文以什么为线索展开故事情节的？判断下面答案哪个正确，将正确答案的数码填在（ ）中。1.以贾雨村审案为线索。2.以门子出谋划策为线索。3.以护官符为线索。4.以薛蟠人命案为线索。""二 本文通过对话表现人物性格，阅读下面两段对话，理解贾雨村的性格特征，选择填空。1.贾雨村'一到任就有件人命官司详至案下'，'即拘原告来审'，听了诉案便'大怒道：那有这等事！打死人竟白白的走了拿不来的！'便发签差公人立刻将凶犯家属拿来拷问。①主持公道，伸张正义。（ ）②新上任还有点儿正义感，想为民伸冤，对上报效皇恩，对下不负黎民。（ ）③新官上任抖威风，装腔作势，借以落个'清正'美名，捞点儿升官的资本。（ ）④一上任就雷厉风行的执法。2.雨村道：'你说的何尝不是。但事关人命，蒙皇上隆恩起复委用，正竭力图报之时，岂可因私枉法，是实不忍为的。'①老奸巨猾，伪善之极，心中主意已定，还要遮上'清正'面纱，不露破绽。（ ）②胆小怕事，怕承担责任。（ ）③优柔寡断，既想报效朝廷起用之恩，又怕惹恼举荐自己为官的贾府、王府。（ ）④不忍心为私利加害百姓。（ ）""三 作者对贾雨村在断案过程中的表情神态有哪些重要的描写？这些描写怎样揭示出他那种卑鄙险恶的嘴脸？""四 解释下面加点的词的含义。（共 11 句，略）"与以前相比，练习部分的题量大大增加，可见编者对语文基础工具性的强化，即将课文当成传授语文知识、训练语文技能的工具。更重要的是，为了体现语文教育的科学化，用标准化考试常见的客观题来考查，而且设置唯一的标准答案，忽视了文学文本多义性的特点，限制了学生的创新性解读。如与之配套的《初级中学第五册教学参考书》（人民教育出版社1987 年版）提供的上述练习一的答案是 1，尚可接受。练习二中 1 的答案是③、2 的答案是①就很难让人认同，因为每题的其他 3 个选择项似乎也能说得通。

　　人民教育出版社出版的九年义务教育三年制初级中学教科书《语文》(1995)、九年义务教育四年制初级中学教科书《语文》(1996)中《葫芦僧判断葫芦案》的训练重点大致相同：如前者为"一　理解通过人物形象故事情节表现的主题思想。二　体会生动、洗练、富于表现力的语言"；后者为"一　通过人物形象、故事情节表现主题思想。二　语言生动、洗练、富于表现力"。课后练习也以考查语文知识能力为主，只是可能因为标准化试题在此时已受到一些人的批评,而将练习改为主观题了。如前者的七道题为"一 仔细阅读课文和有关资料,想一想,曹雪芹是怎样一位作家?他的《红楼梦》是怎样一部书?主题思想是什么?本篇是节选其中的一段,在全书中处于什么地位?二 摘录课文中的句子,分析、回答下边的问题。(略)三 结合注释说说'护官符'是怎样点出四大家族的姓氏及其权势的。'护官符'对推动情节发展,塑造人物性格,表现主题思想的作用是什么?四 联系上下文,理解下边句子的含义,然后回答问题。(略)五 辨析下边每组里加点词的含义。(略)六 把下列词语抄在本子上,注意加点字词的意思,学会运用它们。(略)七 课文说:'后来到底寻了他一个不是,远远的充发了才罢。'有人评道:'又伏下千里伏线。'曹雪芹80回后原稿中,可能会有贾雨村登高跌重的败落过程,而在这过程中,这个门子可能起了重要作用。电视系列连续剧《红楼梦》中,贾雨村最终沦为囚犯,而门子则当了官。试设想那时门子、贾雨村巧遇,他们将如何说话。"后者的六道题为:"一 阅读课文,注意了解案情和处理经过(贾雨村开始想怎么办案,为什么又改变主意,最后他是怎样结案的),进而想一想:这是怎样的官场?这是怎样的社会?二 门子在这一案件中扮演了重要角色,结果却被'远远的充发了'。对于他的下场,该怎样理解呢?三 文章描述门子和贾雨村的对话常着一个'笑'字,借以表达人物的复杂的神情心态。下边列举的例子各有不同意味,试作分析。(略)四 体味言外之意,弦外之音,揣摩下列文字,联系上下文回答问题。(略)五 体会词义差别,并摘抄整理,理解作者原意。(略)六 电视连续剧《红楼梦》中,贾雨村最终沦为囚犯,而门子却当了官。设想门子、贾雨村巧遇,他们将如何对话。"两书练习后均附录了《〈红楼梦〉的影响》知识短文,介绍其改编、续书和翻译情况。甚至1995年版九年义务教育三年制初级中学《语文第六册教师教学用书》也将第七题设定为语文能力训练题:"这是一道联想题,启发学生在读好课文、对《红楼梦》全书情节大致有所了解的基础上发挥他们的想象力,同时也提高他们语言表达能力。可以作为一次作文内容,让学生练习。"北京师大版九年义务教育四年制初级中学试用课本《语文》(1996)删除了其前身四年制初中实验课本《语文》(1983)中关于《红楼梦》思想内容方面的介绍,无论是初读指导还是课后练习均是语文知识和技能的训练,甚至有所强化,如其所在单元的训练重点是学习用现代汉语翻译文言文,在课后最后一道全文缩写题的下面增加了三条要求:"1. 故事要有连贯性;2. 突出主要情节,详略分明;3. 把人物对话改为叙述的语言。"

这种将《葫芦僧判断葫芦案》作为语文训练材料的做法极为普遍。如广西教育学院教研室编九年义务教育初中语文试验课本《语文》(1987)第5册该课后练习多改编自同年及此前人教社出版的《语文》教材,以语文训练为主。高原、刘胐胐主编,北京师范学院出版社1987年出版的实验教材《三级训练体系作文课本第五册教学研究》还以《红楼梦》第三十九回刘姥姥进大观园给贾母请安时两人的对话来分析"怎样训练语言的分寸感"。编者最后感叹:"《红楼梦》的这种人物语言的描写,确实令人叹服,确是'真奇本事'!"①浙江教育出版社出版的义务教育初级中学课本(试用)《语文》(1992)每单元分为"侧读训练""侧写训练""侧听说训练""字词句系列训练"和"古诗文诵读"。显然也是一套语文训练型教科书。其中的《刘姥姥游赏大观园》是第四册第四单元"小说的环境描写和情节线索"之"侧读"训练中的课文,单元导读称:"本单元的学习,要求了解环境描写和情节线索的特点、作用,提高阅读小说的能力和写作记叙文的能力。"课后练习有五大题10小题,题型有问答、填空、填表、摘录等,也是将其作为语文训练的材料。颜振遥编著九年义务教育三年制初级中学试用课本《语文》(1995)主要是培养自学能力。在少数民族部分地区实验的教材,以语文训练为主,《葫芦僧判断葫芦案》的学习要求有三:"一、了解主要人物的思想性格、全文线索、对话的作用。二、理解中心思想。三、掌握一些词语。"课后练习除了选做题"学习了本文,你对人际关系、金钱、官场有什么认识? 其中哪些坏事延续到今天?"除此之外,其他五题全是字词知识和读写训练。张志公主编九年义务教育三年制初级中学课本《语文》(1995)的说明称该书"是一套训练型教材",虽然该书称教材由"实用语文能力的训练"和"文学作品欣赏能力的培养"双线推进,但实际上还是以听说读写训练为主,所谓的"文学教育"也只是选文是文学作品并"渗透文学知识"而已。《葫芦僧判断葫芦案》的课后练习包括"内容理解"(四大题)、"写法分析"(三大题、四小题)、"语言揣摩"(五大题、十六小题)、"说话训练"(二大题、四小题)、"词语积累"(三大题),把该课的语文训练功能发挥到了极致!

　　人民教育出版社出版的高级中学课本《语文》(1988、1991、1995)也是将《林黛玉进贾府》主要当成语文训练的材料来使用,如1995年版课后练习:"一 阅读这篇课文填以下空白。(略)""二 小说中的人物怎样出场,这在写作上是大有讲究。有的单独出场,有的集体出场;有的只见其形不闻其声,有的未见其人先闻其声,有的预做介绍、充分铺垫、引起悬念;有的出场后即以一连串的语言、行动描写让其充分亮相,有的还要反复亮相。方法不一而足,但都应由人物的地位、身份和性格特点所决定。请认真阅读课文中写凤姐和宝玉出场的文字,分析作者写这两个人物的出场有哪些不同,说说分别做这样的处理有怎样的表达效果。""三 仔细体会课文中的人物描写,回答以下问

---

① 高原、刘朏朏主编《三级训练体系作文课本第五册教学研究》,北京:北京师范学院出版社,1987年版第76页。

题。1. 以下的外貌描写各写的是谁？分别表现了每个人怎样的特点？（略）2. 下面四句描写中的 A 和 C 各是谁？你根据什么做出判断？哪三句描写中表现了同一个人的同一种心理状态？这是谁的什么样的心理状态？"四 古代白话小说中有些词的词义在现代汉语中已经不用了，或者发生变化了。试分析下边句子中加点词的词义。行为偏僻性乖张（ ）我带了外甥女过去，倒也便宜（ ）却有一段自然的风流态度（ ）象这样的词语课文中还有，找出来加以辨析。"

与以上将《葫芦僧判断葫芦案》《刘姥姥游赏大观园》《林黛玉进贾府》等当成语文训练不同的是，为了培养学生的审美情趣和审美能力，有些教材将其当成文学教育的材料。辽宁教育出版社九年义务教育三年制初级中学试用课本《阅读》（1992）第 5 册中的《葫芦僧判断葫芦案》是第 3 单元"培养阅读与初步欣赏小说的能力——评点式阅读方法"中的第一篇选文。该课的目的要求有三："1. 培养阅读与初步鉴赏小说的能力。了解课文深刻的主题思想：揭露封建社会官僚与贵族互相勾结，残害人民的罪行，加深对中国封建社会腐朽黑暗的本质的认识。2. 小说描写中的白描手法。3. 本文为精讲课文。按［预习提纲］进行自学评点，提出疑难，教师组织课堂讨论，并作总结。"教学内容是鉴赏小说的内容与形式，教学方法是适合文学阅读教学的评点、讨论法。其课后练习也非语文训练，多与鉴赏有关："1. 课堂讨论：交流对课文作评点的心得体会。2. 阅读《红楼梦》的前五章后，写一则读书心得笔记。3. 试把'护官符'译为现代诗歌。4. 制作一张阅读卡片：小说人物描写中的白描手法。"

河北省义务教育三年制初级中学教材《语文》（1996）将其所选的《葬花辞》作为文学欣赏的材料，归为"欣赏课"而不是作为语文知识传授和技能训练的"导读课"和"阅读课"中的选文。该书说明称："欣赏课目的在于为学生创造一种和谐的学习情境，使之感到学习的愉悦，得到美的享受。"所以，该课之后并无繁琐的知识和技能练习题。教材确定的学习目标有三："1. 通过欣赏，了解《红楼梦》主人公林黛玉的命运、性格及形象意义，加深对封建社会腐朽、黑暗的认识。2. 进一步了解曹雪芹的生平事迹及其《红楼梦》对世界文学的杰出贡献，从而激发学生热爱文学艺术的情感。3. 体会修辞方法在诗歌中的作用。"学法指导强调引导学生理解林黛玉反封建的叛逆性格和封建压迫下广大妇女的不幸，激发对主人公的同情之心。然后将学生的感情酝酿成熟，让学生带着感情来阅读欣赏《葬花辞》，真正进入其描绘的意境之中。与之配套的《语文教学参考书》重点分析了林黛玉的性格及意义，认为"林黛玉是一个封建贵族的叛逆典型"，并分析其多愁善感心理特征形成的原因及其不幸人生产生的原因，最后总结道："林黛玉的爱情悲剧是封建贵族叛逆者的悲剧，它深刻揭示了封建势力和叛逆者之间两种思想、两种人生道路的尖锐冲突。她的爱情悲剧不仅概括了封建社会具有一定反抗性的少女在爱情婚姻问题上的不幸命运，揭露了封建势力的残忍无情和封建制度的罪恶本质，而且也表现了封建阶级的叛逆者对自由爱情的热烈追求和对封建势力的反抗精神。从林黛玉的叛逆性格，看到了新型妇女思想意识的萌芽。"然后重点分析了《葬花辞》：

> "花谢花飞飞满天，红消香断有谁怜？"这是对主人公悲剧命运的形象概括，运用反问的修辞方法，写出她在封建礼教的重压下孤苦无依的处境。"桃李明年能再发，明年闺中知有谁？""尔今死去侬收葬，未卜侬身何日丧？"运用反问、疑问的句式，写出了命运的难以预料。"风刀霜剑严相逼"，运用比喻修辞，形象写出了封建礼教对她的重压。"怜春忽至恼忽去，至又无言去不闻""试看春残花渐落，便是红颜老死时，"写出了时光流逝，青春易老，美好的东西将再难寻觅的悲愤。"未若锦囊收艳骨，一抔净土掩风流。质本洁来还洁去，强于污淖陷渠沟。"写出了她对现实的失望和孤洁不屈、埋葬自己的决心。"一朝春尽红颜老，花落人亡两不知！"写出了她对自己凄惨命运的预感。"青灯照壁人初睡，冷雨敲窗被未温。"运用对偶的修辞方法，写出了凄冷难耐的环境。"独把花锄泪暗洒，洒上空枝见血痕。"运用了夸张的写法，写出了她极端忧郁愁闷的心境。她暗洒的泪珠变成了斑斑血痕，真是呕心沥血。

这是在提示教师从修辞及句意两方面带领学生欣赏。因为当时语文教育重语文知识的传授，所以在鉴赏时也提及了多种修辞手法的名称。

另外，九年义务教育河北省初级中学乡土教材《语文》(1994)还将《宝玉挨打》作为爱国爱乡的教材使用。1992年颁布的《关于组织实施〈九年义务教育全日制小学、初级中学课程方案(试行)〉的意见》，针对同年颁布的《九年义务教育全日制小学、初级中学课程方案》中提出的地方课程设置指出："要加强教材建设，组织力量编写好地方安排课程的教材、教学参考资料和乡土教材。"[①]上述《语文》正是地方课程建设所用的教材，其说明称："本书以有关河北的古今文章(写河北的，河北人写的)为材料进行编选，是燕赵的'土特产'，最具燕赵风采。它配合课本，进行语文教育、语文训练；它侧重于

① 课程教材研究所编《20世纪中国中小学课程标准·教学大纲汇编·课程(教学)计划卷》，北京：人民教育出版社，2001年版第383页。

对学生进行爱国主义的教育。"爱国首先是爱乡。将家乡人所写及写家乡人的作品让学生学习使他们油然而生一种自豪感。因为曹雪芹的祖籍地有"河北丰润说",教材中的知识短文《伟大的文学家曹雪芹和〈红楼梦〉》特意指出这一点:"祖籍河北丰润县,先世本汉人,清兵入关后,入满洲旗籍。"教材将《宝玉挨打》选入,并在知识短文中介绍曹雪芹和《红楼梦》,自然会让学生感觉到河北的人杰地灵。教材在单元提示中指出《宝玉挨打》的艺术成就:选自《三国演义》《水浒传》等名著中的三篇主要通过故事情节塑造人物,"《宝玉挨打》则通过生动的艺术描写,展示了各种人物的心态和情态,使人们看到了一幅非常精彩的画卷"。在注释中阐释其思想内容:"'宝玉挨打'是封建卫道者和封建叛逆者的一场正面冲突,这场冲突以贾政和贾宝玉父子的矛盾为主线,同时又交织着贾府统治者与被统治者之间以及统治阶级内部的矛盾和斗争。贾政是封建宗法思想的守卫者和执法者,要宝玉'留意于孔孟之间,委身于经济之道',但宝玉偏偏对抗这条仕宦的道路。尽管贾政软硬兼施,宝玉依然执'迷'不悟,于是发展到冲突的高潮。这一段故事,热情地歌颂了贾宝玉、林黛玉的叛逆思想和叛逆行为,深刻地揭露了封建家长凶残而又虚弱的本质,预示着这个封建家族必然衰败的历史命运。"①

四、教师阐释

这一时期的教师仍是以本为本,即多是依靠教学参考书来教学,所以一般教师对《红楼梦》及课文的阐释与教参差别不大。如1991年文兰森主编、西南师范大学出版社出版的《中学语文教案设计精编(高中部分)》精选了三个《林黛玉进贾府》教学片断设计:四川忠县中学滕建国的《〈红楼梦〉知识小竞赛》、湖南安化三中刘劭华的《铺垫·渲染·烘托》(关于王熙凤与贾宝玉出场的描写)、河北衡水市一中汪建长的《叛逆性格的蓝图》(分析宝黛初会的场景及其中表现出的二人的性格),只是教学环节的设计和方法运用上较精巧,而不是在课文解读中提出了精辟的看法。

1980—1996年,因为升学压力大,学生并没有多少时间阅读课外书籍;也因为很多教师没有意识到课外阅读对于语文学习的益处,一般也反对读小说,所以虽然《红楼梦》被列为四大名著之首,但是其被普遍阅读的可能性不太大。如浙江教育出版社出

① 河北省教育科学研究所编九年义务教育河北省初级中学乡土教材《语文》第三册,保定:河北大学出版社,1994年版第112页。

版的义务教育初级中学课本(试用)《语文》(1992)所选《刘姥姥游赏大观园》的课前导读写道:"由古典名著《红楼梦》改编的越剧或者电影、电视剧,你也许看过,仿古建筑'大观园'你可能去游览过,但你不一定认真读过这部名垂千古的长篇巨著。现在,让我们跟刘姥姥一起去'见识见识'大观园,初步领略一下这部值得引为民族骄傲的《红楼梦》的文采吧。"①或者就像上述滕建国老师说的,"中学生除在初中学过《红楼梦》一个章节(《葫芦僧判断葫芦案》)外,读原著者较少,但大都看过电视连续剧《红楼梦》,对《红楼梦》有一定了解"。② 正因如此,为了提高学生学习《林黛玉进贾府》的积极性,他举办了有关《红楼梦》的知识小竞赛,除了复习初中教科书中所介绍的文学常识、《葫芦僧判断葫芦案》的情节外,还设问:"电视剧《红楼梦》中扮演宝玉的是谁? 扮黛玉的是谁? 扮凤姐的是谁? 三人中哪二人是四川演员?"③这种学生不是通过阅读原著而是通过电视剧了解《红楼梦》的实情,通过前述九年义务教育三年制初级中学教科书《语文》(1995)、九年义务教育四年制初级中学教科书《语文》(1996)以电视剧而不是原著《红楼梦》来设题也可以看出。不过,在一些重点中学,少数高中语文教师也开展《红楼梦》专题课,指导学生课外研读原著,写鉴赏文章,在课外活动中交流、探讨。

张志公先生说:"古今中外,语文教材对社会的发展变化最为敏感。它反映产生它的社会背景,包括文化传统、风土习俗等等,反映当时社会主导的思想意识,以及教育观点、教育政策。"④从以上梳理《红楼梦》在中学语文尤其是中学语文教材中的接受史中,可以窥见这段时间的社会主导的思想意识的变化,也可以发现政治改革、社会思潮变化影响了学术界对《红楼梦》的研究以及教育观点和政策的变革。正如文中所分析的,随着科学主义思潮的兴起,语文工具性的强化,虽然篇目仍以《葫芦僧判断葫芦案》《林黛玉进贾府》为主,但是多数教科书不再单纯将《红楼梦》选篇当成思想教育的工具,而主要是将其当成语文训练的材料。随着人们的文艺功能观的转变,审美教育思潮的兴起,有教科书开始将其当成文学欣赏、文化熏陶的材料,所以所选篇目中出现了《宝玉挨打》和《葬花辞》等"艺术性"更强的选段,对所有选段的阐释也多侧重其"艺术性"。

1997年底,《北京文学》集中刊发了三篇讨论中学语文教育的文章,由此引发了社会对语文教育的大批判,语文教育遭遇了世纪末的尴尬,也开始了新一轮的改革。在批判语文教育的过程中出现了题为《〈红楼梦〉选篇:就是要折磨人》的文章。随着新

89

---

① 浙江省义务教育教材编委会编义务教育初级中学课本(试用)《语文》第四册,杭州:浙江教育出版社,1992年版第108页。
② 文兰森主编《中学语文教案设计精编(高中部分)》,重庆:西南师范大学出版社,1991年版第198页。
③ 文兰森主编《中学语文教案设计精编(高中部分)》,重庆:西南师范大学出版社,1991年版第198页。
④ 张志公著《传统语文教育教材论——暨蒙学书目和书影》,上海,上海教育出版社,1992年第1版第3页。

课程改革的启动和新编语文教材的出版,《红楼梦》在中学语文教育中的接受又进入了一个新的阶段。

第三节　1997—2001：基础工具性弱化期

　　1997—2016 年《红楼梦》在语文教育中的接受,以 1997 年语文教育大批判展开和 2001 年语文课程标准颁布为标志,分成基础工具性弱化期和人文实践性高涨期两个阶段。

　　1997 年,第 11 期《北京文学》刊发了批判中小学语文教育的《中学语文教学手记》《女儿的作业》和《文学教育的悲哀》。这集中刊发的三篇文章一经发表,便引起了社会各界对中小学语文教育的广泛关注,不久就引发了激烈的论争,一场"语文教育大批判"如火如荼地展开,语文教育遭受了"世纪末的尴尬"。批判文章结集出版的主要有《中国语文教育忧思录》(教育科学出版社,1998 年版)、《审视中学语文教育》(汕头大学出版社,1999 年版)和《问题与对策——也谈中国语文教育》(教育科学出版社,2000 年版)等。在这场大批判中不少人对语文工具性提出了质疑,如称:"数十年来语文教学的一个具有权威性的基本观点是:语文学科是工具学科,工具性是语文学科的基本属性。我以为这是导致语文学科人文价值、人文底蕴的严重流失的根本原因。语文学科当然是人文学科而非工具学科。""我认为语文教育就是人文教育"[①];所以对于那种以传授基础知识、训练基本技能的语文教育进行否定,认为语文教育应该是审美情感教育;对教材重思想而轻审美、重文章而轻文学的倾向提出批评;对那种师讲生听的灌输法提出批评,认为语文教学要注重启发学生体验文本所描绘的情境之美;对以客观题为主提供唯一答案的标准化考试提出批评,主张根据语文学科的特点采用主观性试题,提供参考答案。

　　在这次大批判中,郑贤写的《〈红楼梦〉选篇:就是要折磨人》被收入上述《审视中学语文教育》一书的第二辑"中学语文坑死人"中。郑文认为语文教育滞后于社会变革的进程,隔膜于学术研究的发展:"学者们十年辛苦得出的研究结果,哪怕是已经成为公认的结论,中学语文课本里都不见踪影,社会在发展,中学语文课本却仍是昂然地摆出一副多年不变的面孔在那里,俨然绝对正确的神气。选入中学语文课本里的两个

---

① 王丽编《中国语文教育忧思录》,北京:教育科学出版社,1998 年版第 136、93 页。

《红楼梦》选篇，就是上述状况再好不过的注脚。"《葫芦僧判断葫芦案》和《林黛玉进贾府》"这两个选篇并没有起到准确地介绍这部伟大小说的良好作用，甚至也不能给中学生以良好的语言训练，得到的文学修养几乎没有，只有令人费解的练习题在折磨他们"。课文注释及预习提示中对《红楼梦》所做出的整体评价，"只是在复述五六十年代在不正常历史氛围下对《红楼梦》作出的审判，唯恐漏掉一个字"。将其内容确定为"揭露封建社会的阶级压迫、黑暗与腐败"且"反映了我国封建社会必然走向崩溃、灭亡的历史趋势"，这是"对《红楼梦》的阉割"，已有学者专家指出其不合理性。教材选文更不能反映《红楼梦》的真实面貌，他写道：

> 《红楼梦》里那么多鲜活的场景、那么多性格各异、活跃于曹雪芹笔下血肉丰满、形象鲜明，有着青年人的悲欢哀乐的人物就这样被课本的编选者一支笔驱逐出中学生的视野之外，在那一双双充满对书本神圣信赖的纯洁目光里，这一切都不曾存在过，他们只知道葫芦僧做了官判了一个葫芦案；贾宝玉和林黛玉的爱情从"预习提示"里知道了一点点影子，却只记住了"丰年好大雪"的顺口溜，因为这揭露了封建社会的腐败。不知道林黛玉有那么凄美的葬花词，也不知道有那么优美胜过任何都市园林的大观园，读不到曹雪芹描写大观园的那么优美的文章，而这本该成为他们学写记叙文、学写景物、学刻画人物的最好范文！博大深邃优美动人的一部《红楼梦》被糟蹋得完全失去了本来面目，只剩下几句口号式的控诉，只看见几个人在小心翼翼地揣摩别人的心理活动。

课后练习中的标准化试题，也不是让学生欣赏文学作品而是为了应试折磨人。作者在文末疾呼："在《红楼梦》身上所暴露出来的中学语文教育所存在的问题，亟待得到所有关心中学教育的人们的重视。而对中学阶段而言，即使没有时间读完《红楼梦》这部伟大巨著，也不应只是局限在课本里所选的这两篇，《红楼梦》里有许多精彩的篇章值得欣赏。"①

一、大纲规定

面对社会各界对语文教育的大批判，新一轮的语文教育改革开始启动。并于

① 孔庆东、摩罗、余杰主编《审视中学语文教育》，汕头：汕头大学出版社，1999年版第108—119页。

2000年颁布了《九年义务教育全日制初级中学语文教学大纲(试用修订版)》和《全日制普通高级中学语文教学大纲(试验修订版)》。这只是过渡性质的语文课程文件,因为2001年就颁布了新的语文课程标准。不过这两份大纲和1986年之后颁布的大纲相比,有两个明显的变化:一是删除了"各年级语文基本能力和基础知识教学要求",也就是弱化了被广为诟病的"双基"教育。二是取消了"基本课文篇目",只附录了"古诗文背诵推荐篇目"和"课外阅读推荐书目",因此大纲中没有再出现《葫芦僧判断葫芦案》以及《林黛玉进贾府》的篇目,不过大纲在高中课外阅读推荐书目中列出了《红楼梦》。

二、教材收录

需要说明的是,其中1990年之后出版的《语文》教科书此后一直重印、使用至(含)2001年。如2000年5月云南人民出版社还在重印(第7次印刷)人民教育出版社1993年10月第1版的九年义务教育三年制初级中学教科书《语文》第三册,1997年1月西藏人民出版社还在重印(第2次印刷)人民教育出版社1990年11月第1版高级中学课本《语文》第三册。如2000年9月云南人民出版社还在重印(第6次印刷)人民教育出版社1995年4月第1版选入了《葫芦僧判断葫芦案》的九年义务教育三年制初级中学教科书《语文》第六册,又如1999年10月四川出版集团公司还在重印(第5次印刷)人民教育出版社1995年6月第2版选入了《林黛玉进贾府》的高级中学《语文》第四册。也就是说,这些教材延续的是1994年之后人教版初高中语文教材编者对《红楼梦》的评价及其对节选部分的阐释。选入《宝玉挨打》等的河北省教科所编河北大学出版社1994年11月第1版的九年义务教育河北省初级中学乡土教材《语文》第三册又于1998年5月进行了第5次印刷。除此之外,新版或修订再版的《语文》教材中节选《红楼梦》的如下表。

课文名称	教科书名称、册次	编者	出版社	时间、版次
葫芦僧判断葫芦案	九年义务教育三年制初级中学课本《语文》第4册	张志公	北京大学出版社	1998年11月第2版、2000年11月第3次印刷
刘姥姥游赏大观园	义务教育初级中学课本(试用)《语文》第4册	浙江省义务教育教材委员会	浙江教育出版社	1998年12月第2版、1999年9月第8次印刷

课文名称	教科书名称、册次	编者	出版社	时间、版次
葫芦僧判断葫芦案	九年义务教育三年制初级中学试用课本《阅读》第5册	欧阳代娜	辽海出版社（原辽宁教育出版社）	2000年10月第1版
葫芦僧判断葫芦案	九年义务教育三年制初级中学试用课本《语文》第6册	颜振遥	四川教育出版社	1999年7月第3版、1999年7月第8次印刷
林黛玉进贾府	高级中学课本《语文》（S版）三年级第二学期	上海中小学课程教材改革委员会	上海教育出版社	1997年11月第1版、1998年11月第2次印刷
葫芦僧判断葫芦案	九年义务教育四年制初级中学教科书《语文》第7册	人民教育出版社中学语文室	人民教育出版社	2001年12月第1版、2003年5月第3次印刷
林黛玉进贾府	全日制普通高级中学教科书《语文》（试验修订本·必修）第4册	人民教育出版社中学语文室	人民教育出版社	2001年10月第2版
怡红院端阳嬉闹	九年义务教育三年制初级中学教科书《语文》第5册	北京市教育科学研究院基础教育教学研究中心、北京师范大学附属实验中学	北京出版社、开明出版社	2001年6月北京第5版
葫芦僧判断葫芦案	九年义务教育三年制初级中学教科书《语文》第4册	郑祥五、马惠元、阎福新、胡中柱	教育科学出版社	2001年12月第4版
林黛玉进贾府	全日制普通高级中学语文实验课本（必修）《文学读本》下册	人民教育出版社中学语文室	人民教育出版社	2001年12月第1版
宝玉挨打	全日制普通高级中学语文实验课本（必修）《文学作品选读》下册	人民教育出版社中学语文室	人民教育出版社	2001年12月第1版

三、编者阐释

上述于 1997 年之前出版，1997 年之后重印的教材，无论是对《红楼梦》的总体评价，还是对节选部分的阐释都没有发生变化，兹不赘述。上表中所列的三套再版的教材也是如此，所谓"第二版""第三版"并非在编写思想和编排体例上与上述其在 1995、1992、1995 年出版时有什么不同，只是替换了一些选文。如义务教育初级中学课本

（试用）《语文》第4册1992年版第一单元"议论的观点和材料"的"侧读训练"的选文是《谈骨气》《进一步学习和发扬鲁迅精神（节选）》《为学》，1998年版第一单元"议论的观点和材料"的"阅读训练"的选文是《谈骨气》《杂感两篇（〈从三到万〉〈哨子〉）》《为学》，而收入《刘姥姥游赏大观园》的第四单元的选文及课后练习没有任何变化。欧阳代娜主编的九年义务教育三年制初级中学试用课本《阅读》（1992、2000），两个版本中的《葫芦僧判断葫芦案》的呈现与阐释也没有变化。六年制重点中学高中语文（试教本）（1986）与全日制普通高级中学语文实验课本（必修）《文学读本》、《文学读本》（2001）编写旨趣上没什么变化，均是将《林黛玉进贾府》作为文学鉴赏材料，后者将其纳入"古代小说鉴赏"单元，作者介绍、阅读提示等几无变化，涉及"诉肺腑"的单元练习更是照搬，只是课后多了"鉴赏要点"，但在解读上与人教社出版的其他教学参考书相比并无新意。所以，从总体上看，1997至2000年新的教学大纲颁布之前，对《红楼梦》的总体评价和对节选部分的阐释也没有发生大的变化。

上表中体现基础工具性弱化的有如下几套，它们在对《红楼梦》总体评价和对节选部分的阐释都与此前有所不同。一是新出版的高级中学课本《语文》（S版）（1997）。二是九年义务教育四年制初级中学教科书《语文》（2001）。虽然该书出版于《全日制义务教育语文课程标准（实验稿）》颁布5个月后，但是其编写的时间要早于此，其说明称："是根据教育部2000年颁发的《九年义务教育全日制初级中学语文教学大纲（试用修订版）》的精神，在原《九年义务教育四年制初级中学教科书（试用本）·语文》的基础上修订而成的。"并特地强调修订的指导思想，包括："在教学过程中，努力开拓学生的视野，注重培养创新精神，提高文化品位和审美情趣，培养社会主义道德品质，发展健康个性，逐步形成健全人格。"三是全日制普通高级中学教科书《语文》（试验修订本·必修）（2001）。该书说明称是根据2000年颁布的《全日制普通高级中学语文教学大纲（试验修订版）》并在1999年天津、山西、江西试验的《全日制普通高级中学教科书（试验本）·语文》的基础上修订而成的，故称"第2版"。修订指导思想，包括"重视积累、感悟、熏陶和培养语感"，"提高道德修养、审美情趣、思维品质和文化品位"。

另外，要特别指出的是，此前《葫芦僧判断葫芦案》一直是人民教育出版社出版的各种初中《语文》教材的必选篇目，但是在2001年4月—2002年12月出版的九年义务教育三年制六册初级中学《语文》中，没有再选入此文。这可能与受到上述郑贤等人的批评有关。

（一）对《红楼梦》的评价

新出版的高级中学课本《语文》（S版）（1997）虽然仍主要将《林黛玉进贾府》作为

语文训练的工具(如确定学习目的为"通过课文中贾府豪华奢侈的生活场景的描写,了解封建社会的腐朽堕落"和"了解小说塑造典型环境和典型人物的艺术手法",教学建议从写作的角度分析课文,课后五道练习题也是语文训练题),但是与之配套的《语文教学参考资料》对《红楼梦》的评价和对节选部分的阐释与其他稍有不同,它指出《红楼梦》表现了民主主义思想,体现了现代小说的某些特征和带有美学意义的小说语言:

> 在中国小说史上,《红楼梦》无疑是一部最重要的作品,即便在整部中国文学史中,其地位和作用也是无可比拟的。就思想内容而言,它真实地反映了封建社会末期的种种弊病和不可逆转的必然走向崩溃灭亡的趋势,通过当时青年男女对爱情、个性自由的追求,初步表现出了民主主义的思想倾向。就小说的发展演变而言,它完全蜕尽了以前的古典小说那种荒诞离奇的色彩,由写神鬼怪异以及英雄传奇进入了描写普通人生活的崭新阶段,为中国古典小说作了终结,为近代小说开了先河。就小说的艺术成就而言,它成功地通过日常平凡生活的描写,创造了一个典型的艺术环境,并且塑造了一大批(而不是一个两个)栩栩如生、有血有肉的艺术典型。就小说的语言艺术而言,它留下了一个丰富而又珍贵的宝库,不论从美学的角度,从修辞学的角度,还是从语言发展演变的角度,它都为我们提供了难以估量的宝藏。多少年来,研究《红楼梦》的学者不计其数,因之形成专门的"红学"。所以,说《红楼梦》是我国古典文学的光辉顶点,是毫不过分的。

这种从多个角度对《红楼梦》做出新的评价,反映了语文界对《红楼梦》的认识和以往已有所不同。

九年义务教育四年制初级中学教科书《语文》(2001)并没有像此前教科书那样概述《红楼梦》的思想内容和艺术成就,只是在注释中称:"《红楼梦》代表了中国古典小说的最高成就。"

(二) 对节选部分的阐释

教育科学出版社出版的九年义务教育三年制初级中学教科书《语文》(2001)配套的《语文教学参考书》第四册对课文的阐释一如既往:"小说中的主要人物是贾雨村和葫芦僧。贾雨村在《红楼梦》中虽非主要角色,所占篇幅也不多,但却从头到尾,贯串始终,在书中起重要作用。他是个典型的封建官僚,善于攀媚权贵、钻营谋私,苦害无辜。他虚伪狡诈,心狠手辣。门子'葫芦僧'是封建官僚的帮凶。他谄媚油滑,却逃不脱主子为其设下的可卑(悲)下场。小说通过贾雨村徇私枉法、包庇杀人凶犯、乱判人命大案的事实,揭露了封建统治阶级中的人物互相勾结、行凶称霸、苦害无辜的罪恶,揭露了封建社会的丑恶和黑暗。”

人民教育出版社出版的九年义务教育四年制初级中学教科书《语文》(2001)在预习提示中虽然仍然认定《葫芦僧判断葫芦案》的总领作用,但是在概述其思想内容时措辞已发生变化,不再是批判的口吻,也没有给贾雨村定性:“《红楼梦》的前几回,在主要情节展开之前,或交代创作意图,或说明社会背景,或介绍出场人物,对全书起总领的作用。这一课节选的部分,以贾雨村升任应天知府处理一桩人命案为线索,将贾、史、王、薛四大家族的权势与社会关系揭示出来,对认识和把握全书的批判现实精神具有重要意义。阅读时,要抓住‘葫芦僧判断葫芦案’这一故事情节,了解封建吏治的黑暗,体会人物心理行为的变化发展。”意味着编者不再一味地批判小说中的人物,不再片面地揭露人性的恶。课后练习也由纯粹的语文知识的考查、技能的训练转向文学欣赏,由其中不少客观题转为全是主观题:“一 熟读课文,联系上下文,分析下列话语所表现的人物心理,说说贾雨村是怎样一个人。(略)二《红楼梦》中多穿插诗词歌谣来帮助表现主题或点染情境。这篇课文中‘护官符’上的四句‘俗谚口碑’,各自写出了四大家族的哪些特点?用了什么修辞手法?三《红楼梦》中人名的谐音表现了作者的一种寓意或寄托,如‘甄士隐’就是‘将真事隐去’,‘贾雨村’就是‘假语村言’(借村夫之言说话),‘英莲’和‘冯渊’的寓意各是什么?表现了作者怎样的情怀?四《红楼梦》第一回中有一首贾雨村的咏月诗为:‘时逢三五便团圆,满把晴光护玉栏。天上一轮才捧出,人间万姓仰头看。’这首诗流露了贾雨村怎样的心绪?试结合他在判案中的表现加以分析。”

北京出版社和开明出版社出版的九年义务教育三年制初级中学教科书《语文》(2001)在《怡红院端阳嬉闹》的课前导读中写道:“在《红楼梦》中,曹雪芹对晴雯和袭人这两个对立的艺术形象作了多侧面、多角度的描写,可谓丰富多彩。本课只是全书中的一个精彩片断,我们这里比较分析晴雯和袭人这两个大观园丫鬟形象的性格特点,仅限于本课内容范围,‘从一斑窥全豹’。阅读时,要抓住她们二人对宝玉的态度这一线索,仔细研究文中所写的生活琐事、人物的言行心理,从而体会作品的艺术魅力。”

人民教育出版社出版的全日制普通高级中学教科书《语文》(试验修订本·必修)(2001)仍是将《林黛玉进贾府》当成序幕,并提示体会其精彩传神之处,其课前导读称:“课文写林黛玉进贾府第一天的行踪,通过她的目睹、耳闻和内心感受,介绍了贾府一批重要人物,初步展现了贾府的概貌,拉开了《红楼梦》故事发展的帷幕。课文虽然是节选,但主要人物的形象已得到鲜明的体现。作者刻画人物的手法是多种多样的,对众多人物的写法绝不雷同,写王熙凤、贾宝玉出场的文字尤其精彩,人物语言极其传神。在阅读中仔细体会。"课后练习也侧重赏析:"一 课文以林黛玉进贾府这一事件为中心,在迎客声中让众多人物登场亮相。作者写人物出场,详略得当,虚实并用。试填写下表。(略)二 联系人物身份、性格,赏析下列人物语言。王熙凤:(略)贾宝玉:(略)林黛玉:(略)三 古代白话小说中有些词的词义,现代汉语中已经不用了,或者发生了变化。试写出下列句子中加横线的词的今义。(略)四 话说'凤辣子'。写一篇三五百字的短文,说说王熙凤的'辣'。结合课文而不限于课文,可就你所知,联系《红楼梦》有关王熙凤的描写去谈,也可以发挥想象。"可能为了回应上述语文教育界对"红学"研究隔膜的批评,人民教育出版社出版的全日制普通高级中学教科书(必修)《语文第四册教师教学用书》(2002)在"有关资料"部分附录了分析课文内容、人物出场、结构与写法、人物描写的学术论文,供老师们参考:李希凡《谈谈〈红楼梦〉第三回的人物出场描写》、胡梅君《传神文笔足千秋——析〈林黛玉进贾府〉》、哈斯宝《〈红楼梦〉第三回〈林黛玉进贾府〉的笔墨技巧》、张超《浓抹淡妆各相宜——王熙凤、林黛玉肖像描写比较谈》。

高级中学课本《语文》(S版)(1997)还根据编者对《红楼梦》的新认识而对《林黛玉进贾府》的艺术特点进行了分析:一是以多种手法精心刻画人物的独特性格。二是以真实的细节塑造典型环境和典型人物。三是精巧的结构艺术。四是简洁传神、朴素而富有诗意的语言。

人民教育出版社出版的全日制普通高级中学语文实验课本(必修)《文学作品选读》(2001)是同时出版的《文学读本》的配套用书,主要供课外选读用,其"阅读提示"称:"宝玉挨打是《红楼梦》里的一个小高潮,是封建卫道者与封建叛逆者的一场正面冲突。这场冲突以贾政和贾宝玉父子的矛盾为主线,同时又交织着贾府统治者与被统治者之间以及统治阶级内部的矛盾和斗争。"显然还是用阶级分析法来分析其思想内容。不过,课后的"鉴赏指要"专门分析了其艺术特点,最后总结道:"《红楼梦》的作者就是运用这种人物互相对比和自身表里对比的手法来完成复杂的人物性格刻画的。这样写具有纵横对照、双向比较的特点,使每个人物形象都更加丰满,个性更加突出。"

四、教师阐释

教师的阐释发生了一些变化,如上述郑贤在文章中对教科书编者对《红楼梦》的评价、选文及练习等都进行了否定。除此之外,一些教师对基本篇目《葫芦僧判断葫芦案》和《林黛玉进贾府》进行了重新阐释,甚至是"翻案"。如2000年初我在中学任教时在语文教育大批判的氛围中相继写出了《被扭曲、被误解的贾雨村》(后刊于《读写月报》2002年第2期)和《贾宝玉的男女平等意识》(《中学语文教学》2000年第4期)。在前文中我指出,过去一直认为贾雨村是一个趋炎附势、见风使舵,寡情、狠毒的小官,如果从他的出身、外表、学识、志向、才干等方面及他的痛苦经历、两难境地分析,会发现贾雨村这只豹子失去了梦中的森林,随之失去了攻击性而蜕化(名化)成走狗和绵羊,他再也不会腾跃如飞(字时飞),只能对上俯首帖耳,对下作威作福。在后文中,我从权利平等、人格平等及地位平等三方面来分析《林黛玉进贾府》所体现的贾宝玉的男女平等意识。

这一时期估计多数学生没有阅读过《红楼梦》原著,可能正因如此,上述《语文教学参考资料》(S版)(1997)中《林黛玉进贾府》一课的"教学建议"没有指出让学生课外阅读,而只是让教师概括介绍:"作为一部伟大的文学巨著,《红楼梦》是博大精深的,它的思想成就和艺术成就难以通过几节课的时间就让学生掌握,课文所选取的也只是整部小说中的极小一部分,但通过这一个点,也可对小说中的主要人物的性格特点,有一个初步的了解,对小说人物生活、活动的典型环境,有一个大概的印象。"所以,在教学时"可向学生介绍一下《红楼梦》的概况,如小说的故事情节,人物的最后结局以及《红楼梦》研究的盛况等等"。但是,因为教学大纲已经将《红楼梦》列为课外阅读书目,所以编者还是希望学生能够在课外阅读,这从上述课后习题要求"联系《红楼梦》有关王熙凤的描写去谈",而与以前教材中《红楼梦》选篇的课前导读或课后练习要求联系电视连续剧《红楼梦》来分析不同。又如在九年义务教育三年制初级中学教科书《语文》(2001)中《怡红院端阳嬉闹》的课外活动为"阅读《红楼梦》中描写晴雯的重要章节(分工到个人,每人读两个章回),在小组或全班介绍有关的情节梗概,以利大家较全面地了解晴雯的性格,在此基础上展开讨论,发表自己的看法"。人民教育出版社出版的全日制普通高级中学教科书(必修)《语文第四册教师教学用书》(2001)在《林黛玉进贾府》的教学建议中指出:"有可能的话,让学生看一次《红楼梦》影视剧中的有关部分,或阅读《红楼梦》全书。"

总之,随着语文课程基础工具性受到批判且人文性已被提出,除了一些重印或修订再版的教材仍将节选自《红楼梦》的课文当成语文训练或文学鉴赏的材料外,在新出版的教材中,语文基础工具性已明显弱化,多数教材视《红楼梦》为人情小说,对其总的评价中以提及其中的民主主义思想及其所具有的现代小说的特征等,对节选部分的阐释已不再是批判,而是让学生鉴赏其艺术成就。

第四节　2002—2016：人文实践性高涨期

21世纪初，新一轮的基础教育改革拉开序幕。提倡素质教育，培养创新型人才，成为基础教育改革的基本目标。2001年7月、2003年4月，《全日制义务教育语文课程标准（实验稿）》和《普通高中语文课程标准（实验）》相继颁布，据此编写的语文教材纷纷出版，《红楼梦》的选目及其阐释都发生了很大的变化。

一、课标规定

《全日制义务教育语文课程标准（实验稿）》和《普通高中语文课程标准（实验）》对语文课程性质进行了重新界定，指出"工具性与人文性的统一，是语文课程的基本特点"①。2011年颁布的《义务教育语文课程标准》指出，"语文课程是一门学习语言文字运用的综合性、实践性课程……工具性与人文性的统一，是语文课程的基本特点"②。人文性是指课文内容及文字本身包含着浓郁的人文因素，课堂教学中师生关系及教学活动充满着人文情怀。综合性是指课文内容涉及各种学科，也指教学中听说读写活动的综合，以及课程实施过程中课内与课外的综合。实践性是指听说读写的能力只有在实践活动中才能形成。为此设置了"知识与能力""过程与方法""情感态度与价值观"的三维课程目标。教材也选择了充满人文情怀的文学作品，并以人文主题的方式来组织单元。课堂教学方式也由过去的围绕课本授受，变为自主、合作和探究，出现了"综合性学习"（或者叫"综合实践活动"）、"研究性学习"等新的学习方式。阅读教学注重学生的情感体验，提倡创造性阅读（或者叫"个性化阅读""多元解读"）。语文学习（阅读）注重课内外结合。这些变化必然会影响《红楼梦》的选目及阐释。

另外，其中的《普通高中语文课程标准（实验）》在关于课外读物的建议中列出了《红楼梦》，在选修课程举例中将《红楼梦》的精读鉴赏与专题研讨作为"中外小说戏剧名著精读"的课程之一。

99

---

① 教育部制订《全日制义务教育语文课程标准（实验稿）》，北京：北京师范大学，2001年版第1页。教育部制订《普通高中语文课程标准（实验）》，北京：人民教育出版社，2003年版第1页。

② 中华人民共和国教育部制定《义务教育语文课程标准（2011年版）》，北京：北京师范大学出版社，2011年版第2页。

二、教材收录

课文名称	教科书名称、册次	编者	出版社	时间、版次
诉肺腑 宝玉挨打 香菱学诗 抄检大观园 《红楼梦》导读	全日制普通高级中学教科书《语文》（试验修订本·必修）第6册	人民教育出版社中学语文室	人民教育出版社	2002年10月第1版
林黛玉进贾府	普通高中新课程实验教科书《语文》（必修）第4册	山东省教学研究室	山东人民出版社	2004年8月第1版、2007年10月第2版、2008年6月第3版、2015年6月第13次印刷
林黛玉进贾府 名著导读：《红楼梦》	普通高中课程标准实验教科书《语文》必修3	人民教育出版社课程教材研究所、中学语文课程教材研究开发中心、北京大学中文系语文教育研究所	人民教育出版社	2004年8月第1版
刘姥姥进大观园	义务教育课程标准实验教科书《语文》九年级下册	河北省教科所	河北大学出版社	2005年6月第1版、2015年11月第11次印刷
香菱学诗	义务教育课程标准实验教科书《语文》九年级下册	于立国等	山东教育出版社	2006年10月第1版、2015年11月第2版第10次印刷
《红楼梦》 情真意切释猜疑	普通高中课程标准实验教科书《语文》选修《中国小说欣赏》	人民教育出版社课程教材研究所、中学语文课程教材研究开发中心、北京大学中文系语文教育研究所	人民教育出版社	2007年2月第1版
大观园试才题对额	普通高中课程标准实验教科书《语文》必修五	丁帆、杨九俊	江苏凤凰教育出版社	2007年版
香菱学诗	高级中学课本《语文》（试用本）一年级第一学期	上海市中小学（幼儿园）课程改革委员会	华东师范大学出版社	2007年8月第1版、2013年6月第11次印刷

课文名称	教科书名称、册次	编者	出版社	时间、版次
林黛玉进贾府	普通高中课程标准实验教科书《语文》必修二	丁帆、杨九俊	江苏凤凰教育出版社	2008 年 6 月第 5 版、2009年 6 月第 3 次印刷，2014年 6 月第 6 版、2015 年 6月第 2 次印刷
香菱学诗	义务教育课程标准实验教科书《语文》九年级上册	课程教材研究所、中学语文课程教材研发中心	人民教育出版社	2009 年 3 月第 1 版、2014年 6 月河南第 1 次印刷
贾芸谋差 巴尔扎克作品、《水浒》《红楼梦》的对话艺术	义务教育课程标准实验教科书《语文》九年级上册	孙绍振	北京师范大学出版社	2009 年 3 月第 2 版、2015年 7 月第 7 次印刷
甄士隐梦幻识通灵	义务教育课程标准实验教科书《语文》九年级上册	黄立芹、周哲涵	长春出版社	2009 年 11 月第 3 版、2015 年 11 月第 7 次印刷
香菱学诗	义务教育课程标准实验教科书《语文》九年级下册	王先霈、徐国英	湖北教育出版社	2009 年 12 月第 3 版、2014 年 11 月第 10 次印刷
宝黛初会	普通高中课程标准实验教科书《语文》（必修）第 3 册	语文出版社教材研究中心	语文出版社	2010 年 1 月第 3 版、2013年 12 月第 9 次印刷
《红楼梦》的情节波澜 宝玉挨打 见微知著 意高辞美——《红楼梦》	普通高中课程标准实验教科书《语文》必修 4	广东基础教育课程资源研究开发中心	广东教育出版社	2010 年 7 月第 1 版、2014年 11 月第 10 次印刷
刘姥姥一进荣国府	普通高中课程标准实验教科书《语文》必修 4	北京师范大学文艺学研究中心	北京师范大学出版社	2010 年 8 月第 3 版、2015年 7 月第 11 次印刷

　　虽然上表所列的全日制普通高级中学教科书《语文》第六册（2002）和前述第四册（2001）是同一套，而且都宣称是根据 2000 年颁布的《全日制普通高级中学语文教学大纲（试验修订版）》并在 1999 年天津、山西、江西试验的《全日制普通高级中学教科书（试验本）·语文》基础上修订而成的，但是二者的出版时间不相同，第四册是在语文课程标准之前就已经编写并在天津等地试验，所以课标出版之后出版了"第 2 版"，第六册是在语文课程标准颁布一年后出版，是新编的第 1 版，所以它不可能不受语文课程

标准的影响,因为语文课程标准对语文课程性质进行了重新界定,作为人教社的编辑不可能对教材编写所依据的法律文件不了解,不过此时高中语文课程标准尚未颁布,所以表面上看是依据《全日制普通高级中学语文教学大纲(试验修订版)》,但实际上是根据语文课程标准的有关精神来编写的。

这一时期依据义务教育课程标准出版的语文教科书除了上表所列收录《红楼梦》选篇的之外,还有一些教材可能并没有收录《红楼梦》选篇,如语文出版社出版的义务教育课程标准实验教科书《语文》(2002年第1版)、北京出版社出版的北京市义务教育课程改革实验教材《语文》(2004年第2版)、江苏教育出版社出版的义务教育课程标准实验教科书《语文》(2009年第7版)等。依据《上海市中小学语文课程标准》(2006)编写上海教育出版社出版的九年义务教育课本《语文》(2010年第2版、2015年第3版)也没选录。

另外,还有专门的《红楼梦》选修教材出版,如语文出版社教材研究中心编语文出版社2005年版《〈红楼梦〉选读》、2008年版丁帆与杨九俊主编江苏教育出版社出版的《〈红楼梦〉选读》、2015年北京师范大学出版社出版的高三选修课本《〈红楼梦〉选读》等。

三、编者阐释

(一) 对《红楼梦》的评价

人民教育出版社出版的全日制普通高级中学教科书《语文》第六册(2002)在单元导读中对《红楼梦》做了简略的介绍:"《红楼梦》是我国古代最伟大的长篇小说巨著。它的内容异常丰富,思想极其深刻,被誉为'封建社会的百科全书';它的艺术成就是辉煌的,多方面的,既带有浓郁的传统风格和民族特色,又能突破前人窠臼,具有鲜明的创新精神。鲁迅评论它说把'传统的思想和写法都打破了'。它对后代的小说、戏剧的创作和理论批评产生了难以估量的深远影响。"与之配套的《语文第六册教师教学用书》(2002)却将吴组缃、石昌渝为《中国大百科全书·中国文学卷》(1998)撰写的"《红楼梦》"的词条上万字篇幅的内容全部录入。吴、石两位红学家在其中对《红楼梦》的主题和人物、悲剧的社会内容、艺术成就做了全面、深入的分析,并将当时研究的最新成果吸纳,如对《红楼梦》的主题做了新的分析:"《红楼梦》描写贾宝玉的爱情和婚姻悲剧,即贾宝玉和林黛玉的爱情悲剧以及贾宝玉和薛宝钗的婚姻悲剧。作者真实细致地描写了悲剧发生和发展的复杂现实内容,揭示造成悲剧的全面而深刻的社会根源。围绕着爱情婚姻悲剧,同时铺开一个由许多有关人物构成的广阔的社会生活环境,从而展示渐趋崩溃的社会的真实内幕。贾宝玉、林黛玉等人对自由和幸福的向往追求,反映那个时代对个性解放和人权平等的要求,闪烁着初步的民主主义精神。它与封建主义冲突所造成的悲剧,生动地表明封建社会的不合理,使读者预感到这个社会已日暮途穷,走向灭亡。"

这一阶段出版的其他版本的初高中语文教科书或教师用书对《红楼梦》的评价并没有超出这个范围,甚至有些和此前的一些评价没有区别。稍有不同的评价有二:一是华东师范大学出版社出版的高级中学课本《语文》(2007)在《香菱学诗》所在单元的导语中概述明清小说时称:"人情小说《红楼梦》。"二是普通高中课程标准实验教科书《语文》选修《中国小说欣赏》(2007)将《红楼梦》欣赏归入"人情与世态"单元,并称《红楼梦》内容方面有三条线索:"一是以贾府为中心,叙述贾、史、王、薛四大家族由鼎盛走向衰落的历史,即'家亡'一线;二是叙述贾宝玉、林黛玉之间缠绵悱恻的爱情故事;三是叙述大观园众女性的悲惨命运,即'人散'一线。"在艺术方面代表了古典小说的最高成就:"它继承了《金瓶梅》的网状结构特点,以荣国府的日常生活为中心,并涉及史、王、薛三个家族,以及官府、市井等社会生活的方方面面,从而全景式地展开了四大家族由鼎盛走向衰亡的历史";人物众多,"各自特色鲜明,栩栩如生";通过对人物个性化的语言、动作特征、服饰细节的描写以及大量的诗词歌赋来表现人物性格。

（二）对节选部分的阐释

人民教育出版社出版的全日制普通高级中学教科书《语文》(2002)第六册对人文性体现得集中而明显,主要是关注人性的善良、向上的一面,关注作品的审美因素,主张欣赏而不是机械的语文训练,这从选文及其导言和练习也可以看出。该册集中选择了《葫芦僧判断葫芦案》《林黛玉进贾府》之外的《诉肺腑》《宝玉挨打》《香菱学诗》《抄检大观园》四篇选文,应该是对上述郑贤的"不应只是局限在课本里所选的这两篇,《红楼梦》里有许多精彩的篇章值得欣赏"的呼吁的回应。编者在课前导读中也分别暗示了选择理由:"贾宝玉和林黛玉的恋爱经历了初恋、热恋和成熟三个阶段。初恋时的缠绵带着孩童的幼稚和单纯。自从林黛玉从扬州奔丧回来后,他们进入热恋时期。林黛玉从她孤苦无依的身世与处境和高洁的思想品格出发,执著而强烈地向贾宝玉要求彼此'知心''重人'和严肃专一的爱情。一旦得到宝玉的肺腑之言,她的感情便趋于平静,由对贾宝玉的不放心转向对恶劣环境深沉的忧虑。'诉肺腑'是他们恋爱转入成熟的标志。""宝玉挨打这一情节在《红楼梦》中占有重要地位,有人认为是全书的第一个高潮,它在情节结构的安排、人物形象的塑造以及思想倾向的表达等方面都达到了相当的高度。"《红楼梦》塑造了一群被侮辱被欺压的女性形象,香菱就是其中的一个,她曲折而不幸的遭遇引起人们深深的同情。'香菱学诗'是《红楼梦》中很有情趣并蕴含深意的一个片段。作者以饱蘸深情的笔,讴歌了这精华灵秀所钟的薄命女儿。""抄检大观园是《红楼梦》全书中又一个高潮。它是贾府内种种矛盾激化的结果,也是贾府由盛而衰的一个征兆。小小的一个绣春囊,不过是引发这个重大事件的导火线。"显然,编者不再是像选《葫芦僧判断葫芦案》以及《林黛玉进贾府》那样主要从政治思想性方面着眼,认为是全书的"总纲"而将其选入,而是从这四篇选文在《红楼梦》的情节发展(矛盾冲突)和艺术创造中的地位来确定的,即关键情节及突出成就。也不把这些节选的课文当成语文基础知识和基本技能学习的材料,而是当成文学欣赏的材料,这从教材的单元导读、课后练习以及与之配套的《教师教学用书》的解题指导中也可以看出。单元导读称:"学习这四篇课文,要投入感情,展开想像,走进《红楼梦》的艺术世界;又要'跳出来',客观地评析它的思想成就、人物形象和艺术特色。尤其要注意学习它的简洁明快、准确生动、质朴自然、耐人寻味的叙述语言和个性化的人物语言。同时,阅读《语文读本》中所选《红楼梦》的章节,最好课外阅读《红楼梦》全书,力求较好地欣赏这部伟大作品。"显然,是将这四篇选文作为文学鉴赏的材料。而且在导读中,要提醒学生仔细体会《诉肺腑》"通过人物对话和心理描写表现人物复杂细腻的感情",欣赏《宝玉挨打》中"这场矛盾冲突中出场的各色人物形象,了解课文运用舞台艺术的手法安排情节结构的特点",认识《香菱学诗》中香菱的执着的性格、课文的情趣与深意。欣赏《抄检大观园》要注意其"从人物性格特点出发,通过人物的活动推动情节的发展,而人物性格的特点又在情节发展中得到了充分表现。人物性格愈鲜明、突出,构成的情节也就愈生动"的特点。课后练习中除了《香菱学诗》的第二题"以'香菱学诗的启示'为题,讨论一下:怎样学习语文?"以及《抄检大观园》的第五题"解释下列词语在课文中的准确含义"是专门的语文训练外,其他均是文学欣赏,包括理解、分析和评价三方面,涉及社会环境、故事情节、人物性格和艺术手法:《诉肺腑》:"一 肺腑之言是从内心吐露的真实之言。试从课文中找出两三处加以分析。二 文学作品中最能表现人物性格和精神特质的语言才是个性化的语言。试说说本文中宝玉、黛玉、史湘云和袭人的语言分别表现了他们什么样的性格侧面。三 用今天的观点对宝黛爱情作一点评析。"《宝玉挨打》:"一 在这场激烈的冲突中,作者生动地描述了众多人物在宝玉挨打这个事件中的不同表现,显示出他们各自的性格特点。试以贾政、贾宝玉、王夫人、贾母、王熙凤为例略加分析。二 宝玉挨打后,最早去探伤的是宝钗,而黛玉却很晚才到,两人到场后的言行也大不相同,试分析她们各自的内心活动。三 本文情节跌宕多姿,矛盾又纷繁复杂。试说说本文突现出的矛盾的多个层面，以加深对全文的理解。四 按中国的传统，父亲教训子女甚或动手打几下是无可厚非的，但是像贾政这样下毒手想置儿子于死地的父亲却是罕见的。请联系当时社会的大环境和家族的小环境仔细想想贾政毒打宝玉的根本原因是什么。（可在班上组织一次讨论，各抒己见。）"《香菱学诗》："一 多愁善感、羸弱多病、孤傲尖刻是林黛玉主要的性格特征，但在本文中她指导香菱学诗是那样热心和不厌其烦。请分析一下林黛玉在本文中显现出的另一方面的性格，并写成一篇二三百字的短文。"《抄检大观园》："一 本课写的是一个多种矛盾交织在一起的重大事件。阅读课文，想一想，这其中的主要矛盾是什么，矛盾双方各有哪些主要代表人物。二 作者描写这一重大事件时，充分抓住了每个人物的性格。试以凤姐、王善保家的、探春和晴雯为例，分析她们在这一冲突中表现出来的各自的性格特点。三 作者写抄检大观园这样的大事件、大波澜、大场面，是那样地明晰而生动。随着时间的推移和地点的转换，把一处处被抄的情景逐次突现出来，在对比中形成波澜起伏的动人情节，试作一点分析。四 本文中探春说出了内涵深刻且颇具哲理的话：'可知这样大族人家，若从外头杀来，一时是杀不死的，这是古人曾说的'百足之虫，死而不僵'，必须先从家里自杀自灭起来，才能一败涂地！'试结合《红楼梦》全书谈谈你对这段话的认识和体会，并写一篇二三百字的短文。"

　　与之配套的《语文第六册教师教学用书》(2002)在各课的"教学建议"中也提示教师要围绕选文的艺术成就来组织教学：《诉肺腑》："中心事件是诉肺腑，但作者作了多层铺垫，使中心事件水到渠成。教师要引导学生体会这种写作技巧。"《宝玉挨打》："写一事而表现众人，牵一发而动全身，是《红楼梦》艺术上的重要特点，应用心体会。"《香菱学诗》："一 课文中的两首诗都不好，应告诉学生成功的第三首是怎样的，以及分辨诗作好坏的方法。二 向学生简要介绍香菱此前与此后的遭遇，使学生对香菱这个人物形象有整体认识。"《抄检大观园》："一 大观园的寓意是把握这篇课文中心思想的关键，文中各种矛盾都是围绕着园内园外人物思想矛盾展开的。教师应向学生简介大观园在书中的作用与意义，也可组织讨论。二 作者对人物的褒贬往往比较含蓄，如文中对王夫人似褒实贬就是一例，应让学生有所体会。另外，后四十回故事往往影响了人物形象的意义，凤姐是一显例。因此，要引导学生结合人物的语言和行动来把握人物形象，避免概念化、脸谱化。三 指导学生阅读小说第二十三回宝玉和诸女儿入园的描写，对比繁华与凄凉的不同气氛。"为了便于鉴赏选文，《语文第六册教学用书》(2002)还附录了大量的红学论著：《诉肺腑》后有选自王蒙《红楼启示录》（"宝黛之心"）、《中国大百科全书》（刘世德撰"曹雪芹"词条）等红学著作、权威辞书以及一篇选自 1957 年第 8 期《语文教学通讯》上有关《诉肺腑》中人物描写的分析。《宝玉挨打》后附有蒋和森的《略谈〈红楼梦〉的思想和艺术——以"宝玉挨打"为例》（《阅读和欣赏》）、王蒙的《两种世界观的激烈冲突》（《红楼启示录》）、吴功正的《精心组织的高潮》（《延河》）。《香菱学诗》后附有邸瑞平的《〈香菱学诗〉赏析》（《〈红楼梦〉鉴赏辞典》）、康新来的《香菱的悲剧气韵》（台湾《幼狮月刊》）、田秋英的《谈谈香菱的咏月诗》（《红楼》）。《抄检大观园》后附有王蒙的《〈抄检大观园〉评说》（《红楼启示录》）、沈天佑的《谈"抄检大观园"》（《阅读和欣赏》）、段启明的《关于两件大事情节结构的不同写法》（《红楼梦艺术论》）。这说明，教科书编者已注意及时吸纳研究界的学术成果，这从其他各出版社出版的教科书配套的教师用书中引用、附录了大量的红学论文也可以看出这种变化，如语文出版社出版的普通高中课程标准实验教科书《教师用书》（2010）中的补充资料有《怎么写宝玉》（周汝昌）、《胃烟含露见鼙鼙——黛玉的眉和眼难倒了雪芹》（周汝昌）、《谈〈红楼梦〉》（林庚）、《黛玉的"眼睛"与众人的"观看"——〈林黛玉进贾府〉的叙事视角》（韩丽霞）。又如丁帆、杨九俊主编的普通高中课程标准实验教科书《语文教师用书》（2008、2014）附录的相关资料就有《曹雪芹简介》（《中国大百科全书》）、《荣国府院落方位示意图》、《新译〈红楼梦〉回批（节选）》（哈斯宝批、亦邻真译）、《〈林黛玉进贾府〉赏析》（邓云乡）、《宝玉与黛玉的见面》（王蒙）、《释"忙"析"笑"，直入荣府——〈林黛玉进贾府〉教学谈》（蔡肇基）。有专家的解读，也有一线教师的分析。引入大量的学术研究成果，这也与一些学者如袁行霈、蒋绍愚、丁帆、谢冕、孙绍振等参与或主编语文教材直接相关。

普通高中课程标准实验教科书《语文》必修 3"阅读鉴赏"第 1 单元第 1 课就是《林黛玉进贾府》，而上述全日制普通高级中学教科书《语文》（2002）第六册中的几篇选文在这个教科书中没有再出现。该课后练习与上述全日制普通高级中学教科书《语文》（试验修订本·必修）（2001）中《林黛玉进贾府》的课后练习相比，更侧重对作品的鉴赏设问："一　本文的中心事件是什么？透过林黛玉的眼睛，我们可以看出贾府是个怎样的大家庭？二　同为小说的主要人物，王熙凤和贾宝玉的出场有什么不同？作者介绍这两个人物各用了什么艺术表现手法？三　品味下列人物的语言，分析他们的不同身份和性格。王熙凤：1. 我来迟了，不曾迎接远客！2. 天下真有这样标致的人物，我今儿才算见了！况且这通身的气派，竟不像老祖宗的外孙女儿，竟是个嫡亲的孙女，怨不得老祖宗天天口头心头一时不忘。3. 这倒是我先料着了，知道妹妹不过这两日到的，我已预备下了，等太太回去过了目好送来。贾宝玉：1. 这个妹妹我曾见过的。2. 除《四书》外，杜撰的太多，偏只我是杜撰不成？3. 什么罕物，连人之高低不择，还说'通灵'不'通灵'呢！我也不要这劳什子了！林黛玉：1. 只刚念了《四书》。2. 不曾读，只上了一年学，些须认得几个字。四 参考下面的资料，以'话说贾宝玉'为题，谈谈你对这一人物形象的看法。有条件的话，最好读一读《红楼梦》全书。'悲凉之雾，遍被华林，然呼吸而领会之者，独宝玉而已'（鲁迅《中国小说史略》）。'一部《石头记》——后来叫做《红楼梦》，本来就是以宝玉一生的遭逢经历为主体的书，雪芹十年辛苦，百种艰难，费尽精神心血、笔墨才情，所为何事？只为写出宝玉其人而已……照一般情形讲，作家既然竭尽心思去描写刻画他的主人公，那一定是把最美好的词语来赞美颂扬他……可是，曹雪芹却一反常例。他专门以贬笔写宝玉，他对宝玉很多不敬之词，一部书中几乎尽是说宝玉的坏话'（周汝昌《红楼小讲》）。"

普通高中课程标准实验教科书《语文》选修《中国小说欣赏》（2007）将《红楼梦》与"三言"同列入"人情与世态"单元，先对《红楼梦》的内容、人物形象、艺术成就作了较为全面的介绍，然后对节选自第四十五回"金兰契互剖金兰语，风雨夕闷制风雨词"部分《情真意切释猜疑》进行赏析。课后思考题有三："一 林黛玉对薛宝钗一直心怀猜疑，薛宝钗是怎样真挚地感动黛玉，使两人心扉相通的？二 以'悄悄话'为题，把课文改写成课本剧。三 我们已经阅读过《红楼梦》的许多章节，在你的心目中，林黛玉是怎样一个人？"与之配套的《教师教学用书》还设置了三个问题供学生研讨："1. 对于看病和用药，林黛玉是怎样面对的？有哪些疑虑和担心？薛宝钗又是持什么观点？她是从哪几个方面说服林黛玉的？2. 结合对课文的理解和扩展阅读，你怎样理解黛玉和宝钗的和好？她们各自性格中矛盾的方面是怎样浑然统一于一身的？3. 结合扩展阅读，说说贾宝玉是怎样在由周旋于'表妹''表姐'之间，到最后'水落石出'，毅然选择'林妹妹'的？你能接受高鹗续写部分中'林黛玉焚稿断痴情，薛宝钗出闺成大礼'那样悲惨的情节吗？说说这是否符合曹雪芹的本意或前八十回小说情节发展的必然？"

人民教育出版社出版的义务教育课程标准实验教科书《语文》（2009）不再节选寄寓了浓厚政治思想色彩的《葫芦僧判断葫芦案》，而是选择与文学欣赏直接相关的《香菱学诗》，其课后练习也多与文学鉴赏相关："一 小说详细叙述了黛玉指点学诗门径、香菱谈读诗体会及香菱苦心写诗的经过，你觉得其中哪些内容对你的阅读或写作有启发？二 香菱学诗可谓如痴如醉。从课文中找出有关的描写语句，体会这些描写的传神之处。三 下面是香菱试作的第三稿（即'梦中所得'那一首），仔细品味一番，说说跟前两稿相比，这首诗好在什么地方。（略）"

总之，人民教育出版社的编者已经把《红楼梦》当成文学作品，让学生欣赏以获得审美愉悦和情感熏陶。

其他教科书的编者也是如此,如河北大学出版社出版的义务教育课程标准实验教科书《语文》(2005)中《刘姥姥进大观园》课后的"想一想做一做"为:"一 刘姥姥进大观园后表演了一场'笑'剧。这'笑'剧是谁导演的?她们为什么要导演这场'笑'剧?观看这场'笑'剧后,你的心情怎样?二 体会下面句子中加着重号词语的表达作用。刘姥姥便伸箸子要夹,那里夹的起来,满碗里**闹**了一阵,好容易**撮**起一个来,才**伸**着脖子要吃,偏又**滑**下来,**滚**在地下。三 这篇课文细致地描写了各具情态的笑,给人留下了难忘的印象。请说说每个人的笑有什么不同,反映了他们怎样的性格特点。四 课文节选自长篇小说《红楼梦》,请将你知道的有关《红楼梦》的其他故事介绍给同学们。"与之配套的《语文教师教学用书》对该课的"编选意图"作了说明:"1.这篇课文节选自我国古代著名长篇小说《红楼梦》,作者用生花的妙笔,生动传神地描写了众人各具情态的笑,刻画了不同人物的性格特点,具有永久的艺术魅力,读后给人留下了深刻的印象。2.课文中运用了大量的细节描写,使人物形象栩栩如生。作者还运用了对比的手法,使人物的个性更加鲜明,这些都值得学习和借鉴。"并附录蔡善道、郭豫适鉴赏其中"笑"的描写文章。

山东教育出版社出版的义务教育课程标准实验教科书《语文》(2006)中的《香菱学诗》的课后"研讨与练习"为:"一 阅读课文,说说香菱学诗的经过。二 香菱写诗可谓如痴如醉。从课文中找出有关的描写语句,体会这些描写的传神之处。三 课文中哪些内容对你的阅读、写作有启发?写下来,并与同学交流。"

北京师范大学出版社出版的义务教育课程标准实验教科书《语文》(2009)将《贾芸谋差》纳入"话里有话"单元,后附鲁迅论《红楼梦》对话艺术的片段,就是让学生鉴赏其对话艺术。其课后"阅读练习·探究"为:"一 卜世仁存心不把钱借给贾芸,大可三言两语打发他走,却说了一大通话;凤姐已有心给贾芸派活,也可以痛快答应他,却也说了一大通话;细细品味他们所说的话,说说其动机是什么,技巧又在哪里,表现了人物什么样的思想性格。二 贾芸和他舅舅的对话为什么听起来不像口舌交锋?有一个版本将'舅舅说的有理'写成'舅舅说的倒干净',你认为用哪句更合适?为什么?三 贾芸与王熙凤的对话中充满了谎言。他说香料是朋友送的有什么好处?哪些谎言最能显出他'伶俐乖巧'的品性?王熙凤对贾芸这一品性持什么态度?"

长春出版社出版的义务教育课程标准实验教科书《语文》(2009)选择《甄士隐梦幻识通灵》的目的,可能如与之配套的《教师教学用书》所说的:"这是曹雪芹匠心独运、精心安排的一个奇幻的梦。作家把自己的审美理想,作品主要人物的性格、命运、结局等浓缩在这一奇幻的梦境里。"课文后面的"思考与讨论"就"都云作者痴,谁解其中味"设问:"关于这个'味',有人认为是作者身世变幻和创作艰难的'苦味';有人认为是书中蕴含的深厚主旨。请同学们相互研讨、交流,探究'味'是指什么?""《红楼梦》中奇幻的梦境构成了一个瑰丽神秘的世界。本课甄士隐的梦牵引出了贾宝玉的宿命。课后阅读《红楼梦》第五回,然后谈谈你从贾宝玉梦游太虚幻境中,读出了作者怎样的寓意。"和此前教科书用选择、填空题的形式考查并提供标准答案不同,这几道探究题是完全开放的,《教师教学用书》提供的是多种解读的参考答案,如第一题:

> 设置此题的意图是通过对"味"的探究,激发学生学习兴趣。
>
> 参考答案:"满纸荒唐言,一把辛酸泪!都云作者痴,谁解其中味"中的"味"究竟是指什么? 有人认为是作者身世变幻和创作艰难的"苦味";有人认为是作者陶醉于创作中精神的愉悦;有人认为"谁解其中味"表达的是曹雪芹的绝望;有人认为是书中蕴涵的深厚主旨;还有其他不同看法。
>
> 红学研究专家舒芜在其所著的《说梦录》开篇记载了自己与别人的一段对话,他感叹于对《红楼梦》越读越不懂它究竟写的是什么,不敢说已解其中味。作为一个毕生研究红学的专家尚且说自己不懂其中"味",很显然没有必要一定让学生得出"味"的准确结论。但这种探究是必要的。它可以给学生心中留下悬念,会激发学生探究的欲望,这可能成为以后爱好《红楼梦》的源头。

不再像广西教育学院教研室编九年义务教育初中语文试验课本《语文》(1987)那样将"都云作者痴"的"痴"解读为"迷恋儿女之情"了。

其《教师教学用书》又在这一课设置了八个"问题探究",多数是属于其艺术方面:"1.选文部分的诗词如何理解?""2.关于文中一些隐晦(或谐音)词的理解请见下面脂砚斋评《红楼梦》节选。""3.怎样理解甄士隐梦遇僧道二人梦游太虚幻境,惊醒后'所梦之事便忘了大半'?""4.怎样理解第一回在整本小说中的作用?""5.补天顽石、通灵宝玉、神瑛侍者、贾宝玉之间的关系是什么?""6.小说虚幻手法的作用。""7.《红楼梦》一书的其他名称。""8.根据选文内容概括《红楼梦》一书与以前历代小说的不同。"也都没有标准答案。

湖北教育出版社出版的义务教育课程标准实验教科书《语文》(2009)将《窃读记》《论读书》《求知善读》和《香菱学诗》一道归入"书香袅袅"单元,强调学会阅读方法,获得独特体验。其课后"理解·探究":"一 阅读课文,说说香菱是怎样学诗的,这对你有什么启发。二 课文是如何表现香菱学诗的'痴'与'魔'的? 三 结合课文内容,说说林黛玉在诗文创作方面有哪些见解。四 众人评价香菱的第三首诗'新巧有意趣',你能读出来吗?试作具体分析。五 课外阅读《红楼梦》。"

山东人民出版社出版的普通高中新课程实验教科书《语文》(2004)将《林黛玉进贾府》列入"洞察世道沧桑"主题单元。其设计的学习活动主要是文学鉴赏。其中的"文学大观园"要求熟读课文后,"1. 讲述:按照林黛玉进贾府的行踪,说说贾府的特点,并介绍贾府的主要人物及人物之间的关系……2. 揣摩体味:勾画出《林黛玉进贾府》中人物肖像及人物语言描写的精彩语段,反复阅读体味……3. 仿照示例,从文中另外找出几处自己有疑问的句子,然后同学互相答疑。示例:黛玉忙陪笑见礼,以'嫂'呼之。(黛玉为什么要'陪笑'?)……4. 依据文本,以小组为单位,分工合作,就以下问题组织讨论。我眼中的____(林黛玉、贾宝玉、王熙凤)……5. 下面括号内的文字是脂砚斋对《红楼梦》的评点。请仿照这一形式,选择感兴趣的语段,在深入阅读的基础上进行个性化评点。(略)""写作平台"要求写各种鉴赏文字:"1. 依据文本,写一段文字描述'宝黛初会'时的心理活动。2. 在某班举行的'《红楼梦》人物论坛'上,有人说喜欢王熙凤,也有人说讨厌王熙凤。对此你有什么看法?请写一段文字谈一谈。3. 学写文学短评。选择一个角度,写一篇文章谈谈《林黛玉进贾府》中人物出场的艺术。"

华东师范大学出版社出版的高级中学课本《语文》(2007)要求感受小说"非凡的艺术魅力",《香菱学诗》课后的"思考与练习"为"一、分别用两种颜色的笔圈划林黛玉教诗和香菱学诗的相关语句,概括出她们对诗的感悟的不同特点,并想一想对我们有何启示。二、通过语言、动作、神态表现人物心理,是中国古典小说的传统艺术手法,《红楼梦》把这一手法发展到了高峰。请以本文为例具体分析。三、阅读《红楼梦》中与香菱有关的章节,概括香菱的可爱之处与她的悲剧命运,思考'悲剧是将美的事物毁灭了给人看'的说法。"

江苏凤凰教育出版社出版的普通高中课程标准实验教科书《语文》(2008、2014)将《林黛玉进贾府》纳入"慢慢走,欣赏啊"单元之中的"永远新的旧故事"专题,显然是希望学生在欣赏过程中读出自己的见解。与教科书配套的《教学参考书》建议"鉴赏《林黛玉进贾府》,可引导学生自读课文、欣赏课文、评点批注课文、综合提炼课文,培养学生写作、表达、交流及独立分析课文、多元解读课文的能力"。教科书单元后的"文本研习"中涉《林黛玉进贾府》的有:"1. 林黛玉进贾府,与贾母见面、与王熙凤见面、与宝玉见面的描写有什么不同?林黛玉、王熙凤和贾宝玉各有什么样的性格特点?2. 下面是清人脂砚斋对王熙凤、贾宝玉和林黛玉的出场作的评点,你同意他的见解吗?请说说你的理由。阅读《林黛玉进贾府》,用精练的语言把你的感悟批注在书上,并和同学交流。(略)"在"积累与运用"中涉及《林黛玉进贾府》的有:"2.脂砚斋评点'林黛玉进贾府',有'总借黛玉一双俊眼中传来'之语。阅读《红楼梦》第六回'刘姥姥进荣国府'、第三十九至四十二回'刘姥姥进大观园',将它们和本文进行比较,讨论不同的'眼睛'所观察到的不同的生活风貌、人情世故……5.在本专题的学习中,我们尝试运用了知人论世、涵泳品味、想象联想、评点批注、比较鉴别等鉴赏方法,这些方法在今后的文学鉴赏中都需要有意识地运用;我们还学习了一些鉴赏用语,如'意境''细节''人物''情节''环境'等,请结合本专题作品说说你对这些术语的理解。"《教学参考书》除了像以前那样对线索、情节、人物、场面、详略等进行分析外,还专门针对宝黛初会的情节做了精彩的阐释:

> 写黛玉与宝玉相见。作者在这一层中详细描写了宝玉的服饰、外貌,都为了突出宝玉在贾府的地位。接着作者用两首《西江月》概括贾宝玉的叛逆性格,点明他注定是一个"多余人"形象。第一首是说他不通仕途经济,第二首是写他对封建制度的危害,是一个"于国于家无望"的不肖子孙。然后作者才让宝玉与黛玉正式见面。这时才通过宝玉的眼睛,详细描写黛玉的外貌。宝玉、黛玉这对生死恋人初次相见之时,就产生了一种惊异奇妙的心灵感应,都有似曾相识之感。林黛玉进贾府,与贾母见面,牵动的是"亲情",是令人心颤的"泪";与王熙凤见面,牵动的是"交情",是颇有意味的"笑";与宝玉见面,牵动的是朦胧的爱情,是石破天惊的"惊"!宝玉"走近黛玉身边坐下""细细打量""送字"这一系列的行动都表现了他在贾母心目中得宠的地位和毫不掩饰对这个妹妹的喜爱。"摔玉"的情节是全文的最高潮,既表现了他在家中所受的娇惯,也透露出他要寻求知音的迫切心情。这一部分,黛玉与宝玉的见面初步显示了宝玉的叛逆性格,是故事情节的高潮。

接着分析宝玉要和黛玉住在一起,为此后爱情的萌生、发展创造了条件。

语文出版社出版的普通高中课程标准实验教科书《语文》(2010)节选《宝黛初会》的原因,在与其配套的《教师用书》中做了交代:"作为全书两大男女主角贾宝玉、林黛玉的第一次见面,'宝黛初会'在全书中是一个关键点,课文节选的也正是这一'关键'部分,从中可以看出形形色色的人物情态和宝黛初会时心若相通的前世情缘……《红楼梦》是中国古典小说的巅峰之作,其艺术性也无与伦比,在节选的这一节'宝黛初会'中也有所体现。"虽然也像过去教科书常见的分析如何以林黛玉的眼睛来观察贾府的奢华、人物的复杂等,不但是用"宝黛初会"来取代常用的"林黛玉进贾府"作为课题名称,显然不会像过去那样轻视其中的宝黛之情。课后练习涉及鉴赏小说的结构、细节、言行描写等:"一 课文是以林黛玉的眼光来写贾府里的重要人物的,她的眼睛就像摄像机镜头一样,小说以她进贾府的所见所闻为线索,描绘了贾府的环境布局和一系列的人物,比如贾母、王熙凤、贾宝玉等。这是本文结构上的一个特点。细读课文,说说文中哪几处描写可以明显看出是林黛玉的眼光,这样写有什么好处。二《红楼梦》写王公贵族的日常生活,像画工笔画一样,细写庭院、厅堂、家具、摆设、礼仪等。课文哪些地方显示出贾府'与别人家不同'的优越地位? 三 作家端木蕻良在谈到《红楼梦》的语言时说:'从每个人物的说话声中,可以分辨出是哪个人物出场了。《红楼梦》是语言艺术的典范。'请细读课文中王熙凤出场时的言语举动,从这段描写中,你能看出王熙凤具有怎样的性格特点? 四 宝黛初会是《红楼梦》一书中的重头戏,同样,宝黛最后的见面也被王国维称为'最壮美之一'(见《红楼梦评论》)。细读下面这段文字,分析画线的句子表现了黛玉怎样的心理变化和情感内涵。(略)五 古典小说与现代小说在人物描写上有很大的不同。比如同是写十三四岁的女孩子,曹雪芹笔下的林黛玉与沈从文笔下的翠翠给人截然不同的印象。阅读下面两段文字,说说两种描写有什么不同。(略)"

广东教育出版社出版的普通高中课程标准实验教科书《语文》(2010)除了节选了《宝玉挨打》之外,还在此前一单元的扩展阅读中安排了吴功正的《〈红楼梦〉的情节波澜》,在此后的推荐阅读中安排了知识短文《见微知著 意高辞美——〈红楼梦〉》,一是辅助解读《宝玉挨打》,二是学习书评的写法。《宝玉挨打》后的"思考·探究·练习"仍是鉴赏:"一、用简练的语言概述'宝玉挨打'的过程。根据时间,划出情节发展的阶段。二、说说'宝玉挨打'的情节波澜是怎样组织、准备和形成的。三、细读课文,说说宝玉为什么挨打,贾政为什么要打宝玉;贾政与宝玉除了父子之间的矛盾外,还有哪些矛盾。四、'宝玉挨打'这一回反映了十分复杂的人际关系。试用比较的方法,说说下面这些人际关系背后的社会内涵。1.贾宝玉、贾环都是贾政的儿子,他俩的地位、性格和为人有哪些不同? 为什么? 2.宝玉挨打之后,贾母和王夫人对贾政的态度有哪些不同? 为什么? 3.读第三十四回,看看薛宝钗与林黛玉探望宝玉时的心理和行为有哪些不同,为什么?"

北京师范大学出版社出版的普通高中课程标准实验教科书《语文》(2010)将《刘姥姥一进荣国府》纳入"熟识的陌生人"单元,课后练习与探究要求鉴赏其艺术特色:"一 刘姥姥经历了多少关口才得到了荣国府的救济? 这个过程揭示了刘姥姥怎样的性格? 二 刘姥姥这一形象在本文中的意义何在? 作者借助刘姥姥的眼睛审视荣国府,有什么好处？三 从故事情节的角度看,本文并不复杂,没有跌宕起伏、大开大阖的情节描写,但我们还是深深感受到了小说的魅力,这魅力究竟来自何处?”

四、教师阐释

这期间有数千篇中学教师对节选自《红楼梦》中的课文进行研究的成果发表,分为文本阐释和教学论文两类,前者主要集中在对人物形象的分析、艺术手法的鉴赏上,通过初步分析发现没有多少有别于各教学参考书及学术界的研究成果出现;后者数量更多,主要集中在探讨教学内容的选择、教学环节的安排和教学方法的运用等方面。

编者提倡阅读《红楼梦》全书。长春出版社出版的义务教育课程标准实验教科书《语文》(2009)中《甄士隐梦幻识通灵》课后“积累”要求“课外阅读《红楼梦》全书,反复品味自己最喜爱的章节”。从人民教育出版社出版的全日制普通高级中学教科书《语文》(2002)节选部分的单元导读和课后练习要求阅读、联系《红楼梦》全书,可以看出编者鼓励高中生课外阅读全书。同时,教师、家长对课外阅读的认识也发生了根本的变化,不再视为浪费时间,而是认为阅读经典著作对一个人的读写能力的培养起到至关重要的作用,所以应将其作为一项重要的课程资源引入。尤其是课程标准将《红楼梦》列为阅读书目,并推荐将《红楼梦》的研读作为选修课程,所以不难推知这期间学生中课外阅读《红楼梦》的人数会比以前增多。同时,随着网络、手机的普及,碎片化、浅表化的阅读对浸润式的文本细读产生了很大的冲击,所以出现了《红楼梦》被列在“死活读不下去”的经典之列。

随着近一两年“整本书阅读”“深度阅读”的提倡与实践,有些省市明确在中高考中纳入《红楼梦》的内容的考查,以及即将颁布的高中语文课程标准将语言、思维、审美、文化列为语文核心素养,提倡任务群学习,《红楼梦》作为课程资源,仍会被选做教材选文、当做课内外研读对象,不过其选篇及阐释也必然会随着其在语文教育中的功能转变而变化。

总之,随着语文课程标准对语文课程人文性、实践性的强调,《红楼梦》的接受达到一个新的高潮,首先是节选的篇目产生了很大的变化,过去的教材基本篇目《葫芦僧判断葫芦案》从教材中退出,《林黛玉进贾府》只有少数教材选入,许多关键的故事情节、突出艺术成就的篇目被节选,编者将其当成文学欣赏和探究的材料,发掘其中的审美因素,注重学生的个人体验,提倡个性化解读。同时,红学研究成果被大量引入语文教材的习题和教学参考书的补充资料中,供师生参考。

2017 年 9 月,全国小学一年级和初中一年级开始使用统一的部编语文教材。2018 年 1 月,《普通高中语文课程标准(2017 年版)》颁布,又提出"要全面贯彻党的教育方针,落实立德树人根本任务","以核心素养为本,推进语文课程深层次的改革"。①2018 年 9 月,部分地区高中一年级也可能将试用部编《语文》教材。《红楼梦》在语文教育中的接受又进入了一个新的阶段。

---

① 教育部制定《普通高中语文课程标准(2017 年版)》,北京:人民教育出版社,2018 年版第 1、2 页。

附录：

《红楼梦》节选课文教学
参考选编

以上三章梳理了一百多年来《红楼梦》在中小学语文教育中的接受历程,这里选择几篇不同时期及小学、初中、高中不同学段有代表性的教学参考资料,以便大家能直接感受不同时期、不同学段的教科书的编者对《红楼梦》文本的阐释、教学功能的预设,以及不同时期的语文教育情形。这里并没有呈现 20 世纪 80、90 年代以及 21 世纪初的如《葫芦僧判断葫芦案》《林黛玉进贾府》等经典篇目的代表性教案,而只选择 20 世纪 20、30 年代和 50 年代《红楼梦》选文的教案、教学大纲、课文解读和教学建议等珍稀的教学参考资料这是因为 1978 年之后的教学材料现在很容易检索得到。本部分没有按照章节的体例在这些教学参考资料之后附上评析文字,是因为担心自己的观点可能会影响大家的判断。

小学:《刘老老》教案(1924)

教材

贾母因见园中菊花盛开叫了宝玉等姊妹们来,商议在园中摆席赏菊……次日天气清明,贾母带领众人来到园内。刘老老(乡下来的老女客)也随了来。只见一个丫鬟捧着一个大盘子,里面养着各色折枝菊花。贾母便捡一朵大红的,簪在鬓上,回头笑向刘老老道:"过来带花儿。"语未完,凤姐就拉过刘老老来,笑道:"让我打扮你。"说着,把一盘子花,横三竖四的插了一头。贾母和众人笑个不住。刘老老笑道:"我这头也不知修了甚么福？今儿这样体面起来。"说话间，已到一处。一进门，只见两边翠竹夹路，地下苍苔布满中间一条石子砌的路，刘老老让出来，与贾母众人走，自己却走土地。众人拉他道："仔细青苔滑倒了。"刘老老道："不相干，这是我们走熟了的。"他只顾上头和人说话，不防脚下果踏滑了，拍搨一交跌倒。众人都拍手哈哈的笑。贾母笑骂道："小蹄子们！还不搀起来，只站着笑！"说话时，刘老老巳爬起来，自己也笑着，说道："才说嘴就打嘴。"贾母对刘老老道："这是我外孙女儿林黛玉的屋子，这里叫做潇湘馆。"说着，走出潇湘馆。只见几个婆子手里都捧着大食盒，走来。凤姐忙问早饭摆在那里？贾母道："摆在那边秋爽斋就好。你就带了人摆去，我们随后就来。"

教学法说明

一、本教材教学法，单用欣赏过程教学阅读。

二、"商议、摆席、丫鬟、养着、折枝、检、簪、鬓、带花儿、打扮你、修了甚么福、今儿、体面、翠竹夹路、苍苔布满、砌、让出来、青苔、小蹄子、外孙女儿、潇湘馆、大食盒、秋爽斋"等字的意思，教学时该特别提示。

三、想像事项——贾母和宝玉等商议赏菊的情形；刘老老和贾母等人的状态；贾母和刘老老带花时的情形；刘老老跌在青苔上的情状；潇湘馆、秋爽斋等处的情景；……等。

四、联络事项——本教材教学时，艺术科可拟作潇湘馆图。

备考

一、商议（就是商量）。丫鬟（就是婢女）。养着（盘子里有水，所以叫做养着）。折枝（在树枝上折下来的）。检（拣）。簪（插戴）。鬓（耳朵旁边的头发）。打扮你（就是给你打扮）。体面（好看）。翠竹夹路（碧绿的竹子夹植在路旁）、苍苔（青色的苔）。砌（嵌砌）。让出来（就是让开石子路）。小蹄子（年轻女子的骂语）。外孙女儿（女儿所生的女儿）。潇湘馆（大观园中一屋名）。婆子（老女仆）。大食盒（盛放食物的盒子）。秋爽斋（大观园中一屋名）。

二、《石头记》是章回小说名，一称《红楼梦》，清朝人曹雪芹的著作。书中记一贾姓大族的盛衰变迁。贾母是贾姓中年齿最高的妇人，宝玉是贾母的孙儿，凤姐是贾琏的妻子，贾母的孙媳妇。林黛玉因母亲早死，依居外祖母家。潇湘馆、秋爽斋等处，都是贾宅大观园中的房屋。或谓其地在北京；但系小说家言，实不足考。

教材

凤姐听说，便同鸳鸯等带着端饭的人，抄着近路，到了秋爽斋，调开桌案。鸳鸯笑道："天天我们听说外头老爷们吃酒吃饭，有一个凑趣儿的，拿他取笑儿。我们今日也得一个女清客了。"凤姐会意,两人便如此这般,商议撮弄刘老老。正商议着,只见贾母等来了。大家入座。凤姐一面递眼色与鸳鸯,鸳鸯便忙拉刘老老出去,悄悄嘱咐了刘老老一席话;又说:"这是我们家的规矩,若错了,我们就笑话呢。"调停已毕,然后归座。刘老老挨着贾母一桌。鸳鸯侍立,一面递眼色。刘老老道:"姑娘放心!"那刘老老入了座,拿起筷来,觉得沉甸甸的不伏手。原是凤姐和鸳鸯商议定了,单拿一双老年四棱象牙镶金的筷子与刘老老。刘老老见了说道:"这个又把子,比我那里铁叉还重,那里拿得动他?"说的众人都笑起来。等到上菜之时,凤姐特拣一碗鸽子蛋,放在刘老老桌上。贾母这边说声"请",刘老老便站起身来,高声说道:"老刘! 老刘! 食量大如牛。吃过个老母猪不抬头。"说罢,却鼓着嘴不响! 众人先还发怔,后来一听,上上下下都哈哈大笑起来。笑得大家有喷了茶的,有吐出饭的。林黛玉笑得岔了气,宝玉笑得滚到贾母怀里,贾母笑得话都说不出来。伺候的媳妇丫鬟们,无一个不笑得弯腰屈背,独有凤姐、鸳鸯二人,掌着不笑,还只管让刘老老。刘老老拿起筷来,只觉不便,又道:"这鸡儿也俊,下的这蛋也小巧怪俊的,我且吃一个儿。"众人方住了笑,听见这话,又笑起来。贾母笑的(得)眼泪都出来了,只忍不住,叫人在后搥着。贾母笑道:"这定是凤丫头促狭鬼儿闹的! 快别信他的话了。"那刘老老正夸鸡蛋小巧,凤姐笑道:"一两银子一个呢! 你快尝尝罢,冷了就不好吃了。"刘老老便伸筷子要夹,那里夹得起来? 满碗里闹一阵,好容易撮起一个来,才伸着颈子要吃,偏又滑下来,滚在地下。忙放下筷子,要亲自去拾。早有人拾了出去了。刘老老叹道:"一两银子,也没有听见个响声儿就没有了!"众人已没心吃饭,都看他取笑。一时吃毕,贾母带领众人,各处闲逛了一会。贾母吩咐将席摆在园中缀景阁下,大家再来入席,吃了一会酒,行了一会令。刘老老又闹出许多笑话来。一时席散。贾母因要带着刘老老散闷,遂携了刘老老至山前树下盘桓了半晌。又说与他这是甚么树,这是甚么石,这是甚么花。刘老老一一领会。又向别处逛了一会。贾母倦了,凤姐等围随着歇息去了。

教学法说明

一、本教材教学法,用欣赏、练习、思考、建造四种过程——可和前课联合。

二、"端饭、抄着、调开桌案、凑趣儿、清客、会意、撮弄、座、递眼色、悄悄嘱咐、一席话、规矩、调停、侍立、筷、沉甸甸的不伏手、老年四愣、又把子、老母猪、鼓着嘴、发怔、岔了气、怀里、伺候、媳妇、掌着、只管让、俊、搥着、促狭鬼儿、别信他、夸、撮起、闲逛、缀景阁、行令、散闷、盘桓、领会"等字的意思教学时该特别提示。

三、想像事项——凤姐和鸳鸯等人的服装态度;凤姐和鸳鸯商议撮弄刘老老时的情形;鸳鸯嘱咐刘老老的话;象牙镶金筷子的形状和重量;贾母说请时的情形;刘老老

117

高声说话和旁人大笑时的态度;鸽子蛋的形状;刘老老用筷夹蛋和蛋掉在地下时的情形;缀景阁的形状;贾母和刘老老盘桓时的情形;……等。

四、练习事项——先教儿童把本教材练习朗读演讲,次集写本教材中的特别名词加以注释;如"潇湘馆是贾母的外孙女儿林黛玉的屋子"。又次分析本教材内容列表。

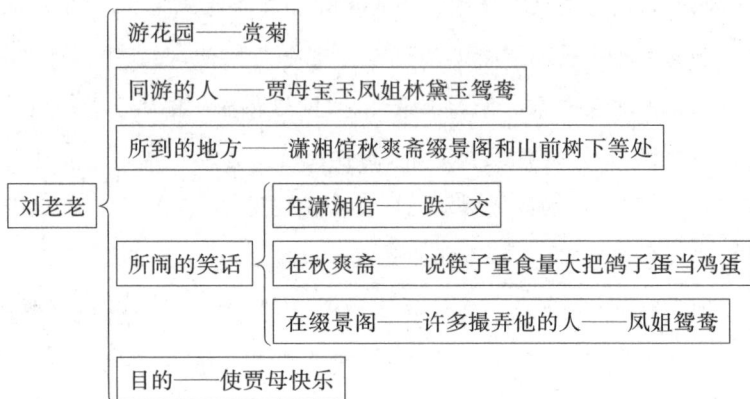

```
              ┌ 游花园——赏菊
              │
              ├ 同游的人——贾母宝玉凤姐林黛玉鸳鸯
              │
              ├ 所到的地方——潇湘馆秋爽斋缀景阁和山前树下等处
              │
刘老老 ┤              ┌ 在潇湘馆——跌一交
              │              │
              ├ 所闹的笑话 ┤ 在秋爽斋——说筷子重食量大把鸽子蛋当鸡蛋
              │              │
              │              └ 在缀景阁——许多撮弄他的人——凤姐鸳鸯
              │
              └ 目的——使贾母快乐
```

五、思考事项——本教材写刘老老游大观园的一回事,把平民谄媚贵族的情形和乡村人的态度,描写得淋漓尽致。如"刘老老说这头也不知修了……""刘老老让出来与贾母众人走……"等,是写刘老老的谄媚贾母;"鸳鸯说天天我们听说……撮弄刘老老",是鸳鸯的谄媚贾母。又下文"姑娘放心"四字,极写刘老老是熟于世故,工谄媚的人,关合上文"刘老老在潇湘馆跌交"的一段文字,和下文"这个叉把子……""这鸡儿也俊……""刘老老便伸筷子要夹……""一两银子也没有听见个……"等句,活画出乡村人的态度和口气,并暗写贵族的奢侈。还有"笑得大家有喷了茶的……弯腰屈背",是文中的点缀,使刘老老以外的人,不觉得寂寞。"贾母吩咐将席摆在园中缀景阁……闹出许多笑话来",是文章的省略法,轻轻几句,包含几件事情,使文字不呆板。

六、表演事项——分"带菊花、潇湘馆、秋爽斋"三段表演,或加入"缀景阁和散闷"两段。

七、联络事项——本教材教学时,作文可拟缀景阁设席的一段故事。

备考

一、本教材是小说,旨趣在滑稽趣味,引人入胜。

二、端饭(端正饭食)。抄(斜走小路)。调(移动)。案(桌子)。凑趣儿(凑上来添个兴趣)。清客(门客)。会意(心里明白的意思)。撮弄(作弄)。座(座位)。递眼色(眼睛打个招呼,递传过去)。悄悄(暗暗的)。一席话(一番说话)。调停(布置)。侍立(站在旁边)。沉甸甸(很重)。老年(远年)。四楞(四方)。镶(嵌)。叉把子(就是筷)。

母猪(雌的猪)。鼓着嘴(嘴鼓起)。岔(气逆不顺)。怀里(就是胸前)。伺候(站在旁边听候呼唤)。媳妇(儿子的妻子,这里作中年女仆解)。掌着(守着)。只管让(只管劝让)。俊(伶俐小巧的意思)。搉(敲)。促狭鬼(骂喜欢捉弄人的)。别(不要)。夸(夸奖)。撮起(拿起来)。逛(闲游)。缀景阁(大观园中一阁名)。闷(烦闷)。盘桓(留连不进的意思)。

三、一两银子,约合银元一元四角左右。因为一银元计七钱二分。我国古时没有银元,市上交易,多用碎银子,都以两或钱为单位。鸽蛋一两银子一个,是凤姐哄刘老老的话,并不是真的。鸳鸯是侍奉贾母的丫鬟;缀景阁也在大观园中。

选自沈圻编纂,吴研因、朱经农校订高级小学用《新学制国语教授书》,上海:商务印书馆,1924 年版第 4 册第 94—100 页。

小学:《凤姐戏弄刘老老》教案(1925)

教材

贾母领了乡亲刘老老等,来到秋爽斋。只见凤姐手里拿着一把乌木三镶银箸,按席摆下。贾母道:“把小楠木桌子抬过来,让刘亲家挨着我这边坐!”众人听说,忙抬来。凤姐一面递眼色与鸳鸯;鸳鸯便忙拉刘老老出去;悄悄的嘱咐了一席话。然后归坐。贾母带着宝玉、湘云、黛玉等一桌。王夫人带着迎春、探春、惜春等一桌。刘老老挨着贾母一桌,鸳鸯侍立在旁。

刘老老入坐后,拿起箸来,沉甸甸的不伏手——原是凤姐和鸳鸯商议定了,单拿一双老年四楞象牙镶金的筷子,与刘老老——刘老老见了,说道:“这叉巴子,比我家的铁钳还重,那里拿得动他!”说得众人都笑起来。那时已端上菜来;凤姐拣一碗鸽蛋,放在刘老老旁边。贾母说声“请!”刘老老便站起身来高声说道:“老刘! 老刘! 食量大如牛! 吃个老母猪不抬头!”众人听了,都哈哈大笑。湘云撑不住,一口茶喷了出来;黛玉笑岔了气,伏着桌子,口叫嗳哟;宝玉滚到贾母怀里;贾母笑得搂着宝玉;王夫人笑得用手指着凤姐,却说不出话来;探春手里的茶碗,合在迎春身上;惜春离了坐位,拉着他的奶母,叫揉一揉肠子。地下也无一个不弯腰屈背,独有凤姐、鸳鸯二人撑着,还只管让刘老老。

刘老老拿起箸来,又道:“这里鸡儿也俊,下的蛋也小巧,我且得一个儿。”众人方住了笑;听见这话,又笑起来。贾母笑得眼泪出来,说道:“这定是凤丫头促狭鬼闹的,快别信他的话了!”那刘老老正夸鸡蛋小巧。凤姐笑道:“一两银子一个呢! 你快尝尝罢! 冷了,就不好吃了。”刘老老便伸筷子,要夹;那里夹得起来。满碗里闹一阵,好容易撮起一个来;才伸着脖子要吃;偏又滑下来,滚在地下;忙放下筷子,要亲自去拾。早有人拾了出去了。刘老老叹道:"一两银子,也没听见个响声儿就没有了!"众人已没心吃饭,都看他取笑。贾母又说:"谁把那个筷子拿了出来,又不请客,摆大筵席,都是凤丫头指使的,还不换了呢!"鸳鸯听了,也照样换上一双乌木镶银的。刘老老道:"去了金的,又是银的;到底不及俺们那个伏手。"凤姐道:"菜里若有毒,这银子下去,就试出来了。"刘老老道:"这个菜里有毒,我们那些,都成了砒霜了。那怕毒死,也要吃尽呢!"贾母见他如此有趣,把自己的菜,也都端过来,与他吃。

【想像问题】鸳鸯嘱咐刘老老的是甚么话? 为甚么要嘱咐他一席话? 刘老老说老刘老刘几句话,是甚么用意? 众人大笑时的神情怎样? 刘老老是怎样的一个人?

目的

一、欣赏"凤姐戏弄刘老老"的小说。

二、练习语体文的阅读及翻译、约缩等。

三、推究描写各人态度的语句;知道他的内容。

四、表演"凤姐戏弄刘老老"的故事。

方法

【欣赏过程】

(甲)引起动机

(乙)决定目的

(丙)考查

一、预习。1.概览。2.检查。

二、补正。1.问答。2.阅读。

三、讨论。

1. 内容。贾母因刘老老是乡下亲家,喜欢和他接近,所以叫他挨着自己坐。凤姐因刘老老是乡下人,有意和他顽笑,所以叫鸳鸯吩咐老老。

鸳鸯侍立在贾母旁边时,已把那老年四楞象牙镶金筷子摆好了。刘老老老眼昏花,拿着筷子,觉得沉甸甸的不伏手,才看见这副筷子。刘老老家里的铁钳,还比不上这副筷子的重,沉甸甸的不伏手,可想而知了。凤姐把鸽蛋放在刘老老旁边,因为他筷子重而不伏手,鸽蛋又很光滑,是故意戏弄他。贾母说声请,刘老老预备大嚼,心里十分快乐,所以站起来,说几句趣话。戏弄刘老老本是凤姐鸳鸯二人的设计,当众人大笑时,所以他们两人,还是撑着。刘老老生平没见过鸽蛋,所以把鸽蛋,当作鸡蛋看;因蛋的小巧,就联想到鸡儿的俊。凤姐要刘老老快去夹蛋,就用蛋儿的贵,和冷了不好吃的话,耸动他。众人笑得饭都不要吃,是把刘老老当作玩物了。鸳鸯奉命给他换上筷子,这筷子当然比从前的轻了。刘老老不愿用金银的筷子,反赞美自己家里的伏手,是乡人和富家,习惯不同之故。

2. 形式。

【字】"只见凤姐手里,拿着一把乌木三镶银箸"的"只",是副词;所似限制"见"字的。"悄悄"两字,是副词。"一席话",是一个名词的作用。"沉甸甸"三字,是副词。"原是"两字,是追述词,和"原来"略同。"刘""牛""头"三字,是叶韵的。"俺们"和"我们"相同。

【句】"凤姐一面递眼色与鸳鸯"三句,妙处在不把含意说明。"原是凤姐和鸳鸯商议定了"三句,是补叙的句法。"湘云撑不住……叫揉一揉肠子"十四句,描写众人的笑态,妙在个个不同。"独有凤姐鸳鸯二人撑着"两句,和上文递眼色和商议定了等句相照应。"贾母笑得眼泪出来"句,显出老年人大笑的情状,维妙维肖。"刘老老便伸筷子要夹……早有人拾了出去",意思一句紧一句。"这个菜里有毒……也要吃尽呢",意思一层进一层。"贾母见他如此有趣"四句,是结束的句法。

四、总括

1. 段落。共分三段:一、叙凤姐鸳鸯,商量戏弄刘老老。二、叙刘老老的说趣话,及席间大笑情形。三、叙刘老老受人戏弄而不自觉。

2. 体裁。本课系小说;首先提清"乡亲"二字,以后处处从"乡"字着笔,描写各人的口吻和情态,可谓神情毕肖。

3. 要旨。富贵之家,对待乡亲,不可存贫富贵贱的阶级观念。

(丁)体味。

一、想像。凤姐为甚么要戏弄刘老老?凤姐递眼色与鸳鸯时的情景怎样?鸳鸯为甚么拉刘老老出去?鸳鸯为甚么嘱咐他一席话?为甚么要悄悄的嘱咐?刘老老拿箸时的情景怎样?凤姐为甚么把鸽蛋放在刘老老旁边?刘老老为甚么要说许多趣话?众人大笑时的情形怎样?众人的笑态,怎样的各各不同?刘老老吃不着鸽蛋,为甚么要叹气?贾母怎能知道是凤姐戏弄他?换了银镶的筷子,刘老老心里怎样?凤姐告诉他银筷试毒的话,是甚么意思?

二、吟味。

【练习过程】

(甲)动机。

(乙)目的。

（丙）计划。

一、熟记课文的练习。

1. 默读。不发声音的阅读，时间不宜过长。

2. 快读。读得很快，惟须注意字句的清晰，及声调的自然。

3. 演讲读。把课文像演讲般的读出来，要注意声调的抑扬。

4. 点将读。甲组的儿童，点乙组的儿童读；乙组的儿童，点甲组的儿童读；比赛那一组读得清楚正确。

5. 接读。甲儿读了几句，由他自己指定乙儿接读。可照法轮流下去。

6. 抄写。可任儿童自由摘录佳句，或难语句等。

二、运用课文的练习。

1. 翻译。把本课第一段，译成文言。例如：贾母率刘老老等至秋爽斋。时适凤姐手执乌木三镶银箸，按席分派。贾母曰："取小楠木桌子来！请刘亲家坐我近旁。"众人唯唯奉命。凤姐则一面布置，一面与鸳鸯目语；鸳鸯会意，即携刘老老出，悄悄语毕，然后归坐。贾母偕宝玉、湘云、黛玉等为一席。王夫人偕迎春、探春、惜春等为一席。刘老老与贾母同席，鸳鸯则侍立于旁。

2. 约缩。把本课第一段，改短些。例如：贾母领了乡亲刘老老等，来到秋爽斋。凤姐就递眼色与鸳鸯，鸳鸯便拉着刘老老悄悄的嘱咐一番，然后归坐。贾母带着宝玉等一桌。王夫人带着迎春等一桌。刘老老挨着贾母一桌，鸳鸯侍立在旁。

3. 发表。板示《戏弄乡人》的题目，叫儿童缀成短文。

（丁）实行。

（戊）批评。

【思考过程】

（甲）动机。

（乙）目的。研究描写各人态度的语句。

（丙）搜集资料。搜集以前读过的文章中描写各人态度的语句，做参考资料。

（丁）推理。就搜集的资料，比较研究，假定得到下面的推论：

一、一个人，有一个人的品性。因为各人的品性不同，所以各人的语言态度，也各各不同。描写各人的语言态度，好比把许多人，摄一张影片，和蓄音在留声机片里一般；要维妙维肖，耐人寻味。

二、要把各人的品性和神情，活现在纸上；那么甲有甲的神气，乙有乙的神气。使读的人，好像站在旁边，看他们谈话一般；但是要这样描写，非把各人的性质、年龄、学问、地位等各方面,细细研究一下不可。譬如性质平和的人,决不会说激烈的话;学识高深的人,决不会说无理的话等。

(戊)证验。就上项的推论,和本课对照,假定得到结论如下:

凤姐有才干,年龄又不甚大,而性质很狡猾;所以他所说的话,没一句不带油滑口吻。刘老老是乡下的土老儿,没有见过富贵人家的场面的;所以他说的话,没一句不惹人笑。至于贾母,在众人之中,年龄较大,地位也在众人之上,人又生得和平;所以他说的话,没有一句不是庄严而温和。

【建造过程】

(甲)动机。

(乙)目的。

(丙)计划。

一、分幕。不必分幕,当作独幕剧表演。

二、布景。一间很精致的房屋,上有"秋爽斋"三字的匾额。内设酒席两桌,一桌上有粗大而笨重的筷子一双。

三、人物。贾母、刘老老、王夫人、凤姐、宝玉、湘云、黛玉、迎春、探春、惜春、鸳鸯及婢女二三人。

四、服装。最好古装。

五、开幕时。凤姐手里拿着筷子,按席摆下,时时翘首思虑,流露笑容。不一会,贾母带着刘老老等到来。

贾母:"把小楠木桌子抬过来,让刘亲家挨着我这边坐!"(婢女听命摆好。凤姐就递眼色给鸳鸯,鸳鸯笑着,拉了刘老老出去。一会儿布置完毕,刘老老和鸳鸯归坐。贾母和宝玉、湘云、黛玉等坐一席。王夫人和迎春、探春、惜春等坐一席。刘老老挨着贾母坐,鸳鸯和别的婢女侍立。刘老老拿起筷子,现出不舒服的样子。)

刘老老:"这双筷子,比我家的铁钳还重,那里拿得动他!"(向着筷子注视,众人都笑。)

鸳鸯:"菜来了!"(两个婢女,端着酒菜上来。)

凤姐:(拣一碗鸽蛋,放在刘老老面前。)"刘亲家,请你不要客气,随意吃些!"

贾母:(把筷子向着鸽蛋,点了几点。)"请!请!请!"

刘老老:(站起身来。)"老刘!老刘!食量大如牛!吃个老母猪,不抬头!"(众人一齐大笑;凤姐鸳鸯,面露忍笑的样子。)

贾母:(拭去眼泪。)"这定是凤丫头的恶作剧,快别信他的话了!"

凤姐：（笑着对刘老老。）"这个蛋，一两银子一个呢！你快尝尝罢！冷了，就不好吃了。"（刘老老便伸筷子，要夹；好久夹不起来。满碗里闹一阵，好容易撮起一个来；才伸着脖子要吃；偏又滑下来，滚在地下；忙放下筷子，要亲自去拾。女仆早把蛋儿，拾了出去。）

刘老老：（望着地下叹气。）"唉！一两银子。也没听见个响声儿，就没有了！"（众人环着他取笑。）

贾母：（对鸳鸯。）"谁把那个筷子拿了出来，又不请客，摆大筵席，都是凤丫头指使的；还不换了呢！"（鸳鸯就给刘老老换上和众人一样的筷。）

刘老老：（对着筷子。）"去了金的，又是银的；到底不及我们家里所用的伏手。"

凤姐：（对刘老老。）"菜里若有毒，这银子下去，就试出来了。"

刘老老：（对凤姐。）"这个菜里有毒，我们那些，都成了砒霜了。那怕毒死，也要吃尽呢！"（现出毅然决然的神情；说毕大嚼。）

贾母："刘亲家真有趣呢！"（且笑且说，一面把自己的菜，端过去给他吃。）（闭幕）

（丁）实行。

（戊）批评。

联络教材

上公民课时，可讨论款待乡亲的方法。

备考

一、字句解释

沉甸甸，是形容重的样子。楞，音轮，平声，和棱子相同，是角的意思。端，多官切，平声，把物件用两手举起来的意思。搂，音楼，平声，抱在怀中叫搂。揉，音柔，平声，是按摩的意思。俺，音奄，去声，北方人称我叫俺。笑岔了气，笑得厉害，上气不接下气的意思。砒霜，毒药名。

二、教材出处

《石头记》，书名，又叫《红楼梦》《金玉缘》。系清初曹雪芹著。本课系节录该书第四十回，字句和原文稍有出入。

三、教学时间

约一百二十分。

选自魏冰心等编辑、范祥善校《高级国语文读本教学法》，上海：世界书局，1925 年版第 4 册第 75—83 页。

初中：《刘老老一进荣国府》教学大纲与教学参考(1957)

《刘老老一进荣国府》教学大纲(四课时)

"红楼梦"和曹雪芹的简单介绍。

刘老老迫于生计利用连宗关系到荣国府谋求周济。她的老于世故。王熙凤的善于应付。

作品反映封建社会里平民小户同官僚贵族贫富悬殊的情况,表现社会地位不同的人处事对人的不同的态度和心理。

选自 1956 年《初级中学文学教学大纲(草案)》,见课程教材研究所编《20 世纪中国中小学课程标准·教学大纲汇编(语文卷)》,北京:人民教育出版社,2001 年版第 381 页。

《刘老老一进荣国府》教学参考

关于课文和作者

"刘老老一进荣国府"这篇课文,是从"红楼梦"第六回里节选的。

"红楼梦"又名"石头记",是我国古典文学长篇小说的辉煌巨著,描写了一个封建大家庭崩溃的过程,反映了我国十八世纪的封建社会的生活。

作者曹雪芹,名霑,大约生于 1724 年,卒于 1764 年。他出生在一个封建贵族的大家庭。中年以后,家庭因遭变故,以致破落。他在家庭破落、生活非常困苦的情况下,开始创作这部小说。

"红楼梦"创作的时代,正是所谓"乾隆盛世"。乾隆这个时期,是清朝封建统治盛极将衰的时期,土地大量集中,农民同地主之间的矛盾日益尖锐,萌芽的商业资本逐渐成长,封建制度日趋动摇。"红楼梦"通过几百个男女人物形象的描写,特别是通过主要人物贾宝玉、林黛玉和薛宝钗等典型性格的塑造,暴露了封建社会的腐朽和错综复杂的矛盾,揭示了封建社会必然崩溃的趋势,表现了产生于当时环境中的具有反抗性的新人的思想感情。

曹雪芹写的"红楼梦",实际上没有写完。这部书,在他生前仅仅有几种连批带注的手抄本,被一般爱好的人们传观着。完整的稿子只有八十回;八十回之后,只是些零星片段。现在流行的一百二十回本,后四十回是另一个作者高鹗续写的。

课文分析

这篇作品描述刘老老迫于生计到荣国府谋求周济的故事。

刘老老是王狗儿的岳母。王狗儿夫妇因为每天忙着干活,就把岳母刘老老接到家里,帮助照顾孩子。

刘老老是个"久经世代"的老寡妇,生活经验丰富,懂得人情世故,知道对什么人说什么话,很会在彼此来往的场合应付人。

那年冬天,狗儿一家受着饥寒的威胁,正在一筹莫展的时候,刘老老就替他谋划,利用狗儿祖上曾和金陵王家连宗的关系,到荣国府去攀亲戚,求周济。

为了做得象(像)走亲戚的样子,刘老老梳洗干净,带着板儿进城去。快到荣国府的时候,她小心谨慎地掸掸衣服,又教了板儿几句话,才走到角门前。她见到门前那些"挺胸迭肚指手画脚的人",就连忙陪着笑脸上前问好。后来,她好容易见到了周瑞家的,却把自己要见王夫人的企图搁着不谈,装出十分亲切的神情说:"特来瞧瞧嫂子。"等她听到周瑞家的说到王熙凤的时候,她立刻接着说:"原来是他?怪道呢!我当日就说他不错。这么说起来,我今儿还得见他了?"她毫不放松地抓住机会,机警地说了这话,以求达到攀亲戚的目的。这些行为和言语,说明了她善于应付人的本领。

接着,作品写她见王熙凤的情形。她到了贾琏的住宅,"屏声侧耳"在那里"默候"。见了凤姐,她连忙"在地下拜了几拜",问着安。坐定之后,她又哄着板儿出来作揖。回王熙凤的话的时候,她念着佛,说明了自己一向不来看望亲戚的原因,同时也表露了自己家道的困难。当周瑞家的提醒她,要她说明来意的时候,她红着脸勉强说了半句,就不说了,只是推着板儿,让他出来说。她这样小心谨慎,看人家脸色行事,是为了什么呢?毫无疑问,这是为了生活所迫。正是生活困难,才使刘老老懂得了许多世故,学会了应付人的办法,知道了对什么人说什么话。也正是由于她老于世故,才最后达到目的,取得了荣国府的周济。

年纪不过十八九岁的王熙凤,出身金陵豪门。她嫁给贾琏,不仅因为贾、王两家门当户对,而且也是为了亲上加亲。这种情况造成了她在贾家的特殊权势。她又靠着自己的美丽聪明、工于心计而取得荣国府贾母和王夫人的信任,做了当家媳妇,掌握着荣国府的钱和势,过着骄奢淫逸的生活。见刘老老的那天,还只是秋尽冬初,并不十分寒冷,可是她已经穿上珍贵的紫貂、灰鼠、银鼠之类的皮衣裳了。她很会表现贵族的身分(份)。当刘老老由周瑞家的领着走进屋子的时候,她事前已经知道,可是她摆着架子坐在那里,安闲地用小铜火箸儿拨手炉里的火灰,只慢慢地问道:"怎么还不请进来?"眼看着刘老老进来了,她还坦然地坐着,并不拒绝七十多岁的老年人下拜,只是说几句敷衍的客气话而已。

王熙凤是个精明人,在刘老老还没有直接说出来意的时候,她已经从别的话里完全了解她的来意了。她做事很圆通,对于是否答应周济刘老老这件事,先使周瑞家的去探听王夫人的意思,等到周瑞家的说过太太叫她"别简慢"以后,她就大胆地处理了。

她先对刘老老说了一些客气话,接着说到府里的"难处",然后才答应给刘老老二十两银子。这二十两银子,照她的说法,也是"可巧昨儿太太给我的丫头们作衣裳的"。看来,她这个大家庭确定是"大有大的难处"。但实际上绝不如此,不过又是她的"精明"罢了。把银子给了刘老老,说过"天也晚了,不虚留你们了"的话以后,她就起身走了。从这些地方,也可以看出她在处事上是多么善于应付。她既摆出贵族的派头,又不使"穷亲戚"不满;她既尊重了王夫人的意思,又自己具体地作了"裁夺"。所有这些,都表现着她的圆滑和机变。

这篇作品生动地描写了清朝中期封建社会的一个生活片段。从这段描写里,我们可以具体地看到像刘老老这种贫苦人家的老妇人和像王熙凤这种贵族的少妇的性格,还可以看到她们之间的关系。从人物性格和人物之间的关系上,我们可以认识封建社会里平民小户同官僚贵族贫富悬殊的情况,认识社会地位不同的人处事对人的不同的态度和心理。这也就是我们学习这一课的基本目的。

教学注意事项

一、介绍作者,不要牵扯过多。

二、指导学生作改变人称叙述的时候,可以注意下列几点:

1. 要求学生熟悉课文,搞清人物关系和情节线索。

2. 在叙述的时候,有一些情节可以省略。例如作品里对刘老老身世的介绍,就可以省略。

3. 注意人物说话的语气。

选自人民教育出版社编《初级中学课本文学第四册教学参考书》,北京:人民教育出版社,1956 年版第 64—68 页。

初中:《刘老老一进荣国府》教案(1958)

刘老老一进荣国府(四课时)①

教学目的

一、使学生了解"红楼梦"及其作者曹雪芹的生平大略。

二、使学生认识封建社会里平民小户同官僚贵族贫富悬殊的不合理现象,了解社

---

① 上海市教育局教学研究室 1957 年 11 月编竣的《初级中学课本文学第四册课堂教学参考书》,在《编者的话》中称:"本书是根据 1956—57 学年度的教学计划和教学大纲并参考人民教育出版社的教学参考书编写的","本书由我室主编,本市部分中学文学教师执笔编写或提出修改意见;并经本市中学教师进修学院语文科文学教研组同志审阅","供各中学新教师备课时参考"。上海市教育局教学研究室编《初级中学课本文学第四册课堂教学参考书》,上海:新知识出版社,1958 年版第 1 页。

会地位不同的人处事对人的不同态度和心理,从而体会阶级社会的罪恶腐朽本质,加强对新社会的热爱。

第一课时

教学要求

一、初步了解"红楼梦"和曹雪芹。

二、简述人物关系和故事情节,使同学初步了解课文内容。

教学过程

一、进行新课

(一)作品和时代背景

"刘老老一进荣国府"这篇课文是从"红楼梦"第六回里节选的。"红楼梦"又名"石头记",是我国一部杰出的白话长篇章回小说。以贾宝玉、林黛玉的恋爱悲剧为中心事件,描述了清朝一个大贵族家庭贾府由盛而衰的情况,反映了我国十八世纪的封建社会的生活。

《红楼梦》创作的时代,正当所谓"乾隆盛世"。这个时代实际上是清朝封建统治盛极将衰的时期。土地大量集中,农民同地主之间的矛盾日益尖锐,萌芽的商业资本正在逐渐成长,封建制度日趋动摇。在这样的社会里,封建贵族的生活愈益豪华奢侈,腐朽堕落,而在重压下的人民,对于封建文化的虚伪,封建制度的罪恶极为愤恨,并且产生了若干反抗意识。"红楼梦"这部书就真实地反映了当时封建社会的这种情况。

这部书很深入细致地塑造了具有各种典型性格的人物,又善于分析和表现人物之间的关系,我们现在读的"刘老老一进荣国府"这一篇,就可看出这些方面的特点。

(二)作者

曹雪芹名霑,大约生于1724年,卒于1764年,他出身(生)在一个封建贵族的大家庭。中年以后,家庭因遭变故,以致破落。他住在北京西郊,房屋破败,全家吃粥,靠画几幅画出卖来维持家用。在这样非常困苦的情况下,他回忆了自己过去的经历,拿自己的生活体验为基础,加上耳闻目睹的那些社会现实,以感伤和批判的心情,开始创作这部小说。他实际上没写完这部书。最后四十回是他的好友高鹗续写的。

(三)解题:在"红楼梦"里曾描述刘老老三次进荣国府,这是第一次。

(四)简述作品中人物与人物之间的关系(结合检查预习)

1. 关于人物

提问:课文中有哪些主要人物?哪些次要人物?各举两个比较重要的说明。

主要的:刘老老、凤姐。

128

次要的：周瑞家的、狗儿。

2. 关于人物的身份和人物之间的关系：

(1) 狗儿是干什么的？刘老老是怎样一个人？他们之间有什么关系？

狗儿务农为业。刘老老是个"久经世代"的老寡妇，膝下又无子息，只靠两亩薄田度日。她是狗儿的岳母，狗儿因白日间自作些生计，老婆刘氏又操井臼等事，两个孩子无人照管，遂将岳母接来一处过活。

(2) 凤姐是什么身份？她和狗儿之间又有什么关系？

凤姐的祖父是做大官的，她是贾琏的妻子，荣国府的当家媳妇。荣国府的祖上曾封过荣国公，是个封建贵族世家。狗儿的祖父和凤姐的祖父都是姓王，过去狗儿的祖父因贪王家的势利，便连了宗。后来因一贫一富，才疏远起来。

(3) 周瑞家的是什么身份？她和凤姐和狗儿家又有什么关系？

周瑞家的是周大爷的妻子，她是王夫人的陪房。周瑞昔年因争买田地一事，曾得狗儿父亲之帮助。

(五) 教师简述故事情节(或指名学生讲述，教师补充)

二、布置作业：

(一) 复习"红楼梦"是一部什么书。

(二) 依据刘老老的活动场合，把课文分段。

(三) 将注解仔细地看一遍。

第二课时

教学要求

通过划分段落、朗读及解释部分词句，使学生进一步熟悉课文内容。

教学过程

一、检查旧课

提问："红楼梦"是怎样一部书？作者是谁？

二、进行新课

(一) 划分段落，进一步理解情节：

"刘老老一进荣国府"讲述了刘老老因迫于生计，利用连宗关系，到荣国府向凤姐谋求周济的一个有头有尾的完整的故事。这个故事是以刘老老的活动为线索来写的。依据这个线索，全文可以分为五段(提问学生后再由教师说明)。

1. 引言。

2. 刘老老在狗儿家(60页6行——63页12行)。

3. 刘老老在周瑞家(63页13行——66页14行)。

4. 刘老老在荣国府(66页15行——75页3行)。

5. 刘老老离开荣国府。

（二）指名同学分段朗读全文。每读完一段后即由教师或同学略述内容,结合正音释词(可将该解释的词分配一下,一部分在这里解释,如"芥豆之微""相继身故""久经世代""嗔""看承拿大""怜贫惜老""透迤""客馔")。一部分可结合下二节课分析时解释;如果时间不够,第一段、第五段可只讲述内容,不必朗读。

三、布置作业

（一）根据段落自己将课文内容复述一下。

（二）思考练习②③。

第三课时

教学要求

使学生了解刘老老迫于生计,利用连宗关系到荣国府谋求周济的情况,以及她的老于世故,和王熙凤的善于应付的性格。

教学过程

一、检查旧课:

（一）指名学生解释词语:(先写在小黑板上)"芥豆之微""相继身故""久经世代""嗔""看承拿大""怜贫惜老"。

（二）简述"刘老老一进荣国府"的段落大意。

二、进行新课(有着重号的词语板书并结合解释)

（一）分析刘老老迫于生计利用连宗关系到荣府谋求周济的情况以及她的老于世故的性格(教师自己掌握这一中心,不必向学生说出)。

提问:

1. 刘老老到荣国府去有什么企图? 她当时的处境和心情怎样?

刘老老膝下无子,在女儿家过活,只因女儿家贫,虽全家艰苦劳动,可是"冬事未办"无法过冬。女婿狗儿在家"闲寻气恼"。刘老老觉得这样下去终究不是个办法,光在家里闲闹,"银子钱会自己跑到咱们家里来不成"?"于是就给女婿出主意,想利用狗儿爷爷和荣府王夫人之父连宗的关系,到荣府去谋求周济"。可见是为了生活所迫,不得不走这仅有的一条路。根据刘老老的经验,虽然两家一贫一富久已疏远,但利用这种关系去试一试,或者"有些好处,也未可知"。反正目前的情况是既不能去"打劫","在家里跳蹋也没用"。

可是老老又觉得女婿狗儿和荣府的关系仅是"略有瓜葛"，自己和荣府的关系更是疏远，女婿那付（副）嘴脸自然去不得，而女儿年轻"也难卖头卖脚"，只是为了希望"或者也会念旧"而且"只要他发点好心拔根寒毛，比咱们的腰还壮呢！"因此她想"舍着自己这副老脸去碰碰"。她的心情是渴望着能通过攀亲戚达到谋求周济的目的，而同时又觉得不一定有把握，因而心中有些自卑、胆怯和不安。

2. 刘老老到了荣国府门前有什么表现？为什么要这样？

她到了荣府大门前，只见满门口的轿马，不敢过去，小心谨慎地掸掸衣服"溜"到角门前，蹭上来陪着笑脸，向太爷们纳福。她这样做是为了竭力扮得象个走亲戚的样子，免得被那些挺腰叠肚，指手划脚的人赶走。

3. 刘老老去荣府之前，为什么要先到周瑞家去？在那里的态度怎样？

老老知道凭自己这付（副）模样直接去见王夫人是有困难的，因此想通过周瑞家的帮助，因为周瑞过去因争买田地的事曾得过狗儿父亲的帮助，现在周瑞家的是王夫人的心腹，有可能使自己见到王夫人。因此她就利用这可能利用的关系，先取得周瑞家的同情和支持。她在周瑞家的跟前表现出十分亲切的态度，如迎上前去说："好呀！周嫂子？""原是特来瞧瞧嫂子的，"这话叫周瑞家的听了是多么亲切！"二则也请请姑太太的安。"这话虽放在其次，却也能使周瑞家的听了明白其主要来意。"若可以领我见一见更好，若不能就借重嫂子转致意罢了。"这使周瑞家的感到"拿我当个人，投奔了我来"不能不帮她。等到她听到周瑞家的说到王熙凤的时候，就立刻接着说："原来是她？怪道呢！我当日就说她不错。这么说起来，我今日还得见她了？"她毫不放松地抓住机会，机警地说了些话，以求达到攀亲戚的目的。这些行为和语言，说明了她的老于世故。

4. 刘老老在王熙凤跟前表现怎样的态度？为什么？

刘老老去见王熙凤时，却是"屏声侧耳"在那里"默候"，表现出十分小心谨慎；见了凤姐，不等说话就"已在地下拜了几拜，问姑奶奶安"；坐定之后，又哄着板儿出来作揖；回话时不断念佛，说明平时不来是为了家道艰难，还怕给"管家爷们瞧着也不象"；当周瑞家的提醒她要说明来意的时候，她红着脸勉强说了半句就不说了，只是推板儿出来说。所有这些都说明了她明白官僚贵族人家乃是爱钱爱面子的，对亲戚中的平民小户是不会真心关心的，若是仅仅凭连宗关系要求亲近和帮助，反会引起他们的憎嫌，所以她小心翼翼，处处看人家的脸色行事。

小结：刘老老是一个久经世代，老于世故的人。她能够根据自己的经验，利用一切可能利用的关系，抓紧一切机会，随机应变。这也正是因为生活困难，才使老老懂得了许多世故，学会了这些应付人的办法，最后终于取得荣府的周济。

131

（二）王熙凤的善于应付

1. 王熙凤在荣国府的地位如何？（教师讲述）

王熙凤出身于金陵豪门，她嫁给贾琏不仅因为贾、王两家门当户对，而且是为了亲上加亲（她是王夫人的内侄女儿）。这种情况造成了她在贾家的特殊权势，成了荣府中的当权人物。她的为人正如周瑞家讲的是一个"有一万个心眼子"的人。

2. 刘老老来了，她是怎样接待的？

当刘老老由周瑞家的领着走进屋子的时候，她事前已经知道，可是她却摆着架子坐在那里，安闲地用小铜火箸儿拨手炉里的火灰，只是慢慢地问道："怎么还不请进来？"眼看着刘老老来了，"这才忙欲起身。犹未起身，满面春风的问好"，她又怪下人"怎么不早说"，而自己还坦然地坐着，并不拒绝七十多岁的老年人下拜，只是说几句敷衍的客气话而已。在这里，她显现了既要表现贵族的身份，而又不得罪人的风度。

3. 刘老老要求周济，她怎样处理？

王熙凤是个精明、能干的人，在刘老老还没有直接说出来意时，她已经从话中了解到刘老老的来意。她做事圆通，对于周济老老之事，先使周瑞家的去探听王夫人的意思，等到周瑞家的说过太太叫她"别简慢"以后，她就大胆地处理了。她先对老老说了一些客气话，接着说到府里的"难处"，用种种托词先叫刘老老感到"是没想头了"，然后才答应给刘老老二十两银子，而这二十两银子，照她的说法，也是"可巧昨儿太太给我的丫头们作衣裳的"，因为"是头一遭和我张个口"看来，她这个大家庭确实是"大有大的难处"。但实际上不过是她的"精明"罢了。她既舍不得多费钱，又不使"穷亲戚"不满意，她既尊重了王夫人的意见，又自己具体地作了"裁夺"。

小结：从这些可以看出王熙凤是个十分机灵、圆滑和精明的人。她在没有明白刘老老是什么关系时又象客气，又象不客气，象亲切又象不亲切，等到弄清楚后，她就主动地进行了处理，她是多么善于应付。

三、布置作业

（一）刘老老到荣国府去时的处境和心情是怎样的？

（二）作品怎样描写王熙凤的善于应付？

（三）复习课文用铅笔在书上划出描述荣国府豪华生活的句子。

第四课时

教学要求

一、使学生认识封建社会里平民小户同官僚贵族贫富悬殊的不合理现象，以及社会地位不同的人处事对人的不同态度和心理。

二、总结全文思想内容和艺术表现。

教学过程

一、检查旧课

（一）简要叙述刘老老进荣国府的原因？从那些地方可看出她的老于世故？

（二）作品怎样描述王熙凤的善于应付？

二、进行新课

（一）封建社会中平民小户同官僚贵族贫富悬殊的情况

提问：

1. 课文里怎样描述荣国府的豪华生活？

住：整条街——宁荣街,大门前还有石狮子,满门口的轿马。

吃：满满的鱼肉不过略动了几样。

穿：凤姐家常穿戴,都是锦衣轻裘,而且是"紫貂""灰鼠""银鼠"等名贵衣料(时节才秋尽冬初),头上攒珠勒子,脸上"粉光脂艳",连丫头也是遍身绫罗,插金戴银。

用：猩红毡帘、金心坐褥、银唾盒,以及当时很少见到的大自鸣钟、玻璃坑屏,满屋子的东西都是耀眼争光,使人头昏目眩。

侍候的：角门前是挺胸叠肚谈东说西的许多人,房间里是衣裙窸窣妇人一二十个。奶奶们行动都有一二十个妇人围随。奶奶们坐下,就有丫头捧着茶盘盖钟儿伺候。奶奶们开饭,就有好几个人捧盒端饭,伺候端茶。抬手动脚都有人伺候。

荣国府的生活是豪华奢侈到极点。

2. 课文里是怎样描写狗儿家的贫苦生活？

刘老老"只靠两亩薄田度日"。而狗儿祖父虽曾做过"小小京官",但自其故后,家业萧条,搬出城外乡村中住,一家四口务农为业,狗儿"白日间作些生计",刘氏又操井臼等事,青、板姊弟无人照看,不得不将岳母接来一处过活,但秋尽冬初,家中冬事未办,一家人受着饥寒的威胁。

狗儿一家是封建社会里在饥寒威胁中挣扎度日的平民小户。

3. 刘老老和板儿看到荣国府的豪华景象时又有怎样的反应？

刘老老上了台阶才入堂屋,身上就象(像)在云端里一般,见了平儿的打扮,便当是凤姐了。见了自鸣钟发呆吓得不住的展眼儿。板儿一见抬回来的碗盖,就吵着要肉吃,被刘老老打了他一巴掌,见了凤姐吓得躲在刘老老背后,百般也哄他不出来。这些从侧面描述了荣府的豪华,刘老老的贫寒。

4. 这两家生活情况为什么有这样的不同？你对这有什么感想？（可由同学自由

举手发言）

小结：在封建社会中,官僚贵族的生活和平民小户是十分悬殊的,贫（平）民小户之所以贫困,地主官僚之所以豪华,是因为一方为剥削者,一方是被剥削者。("狗儿：我又没有收税的亲戚,做官的朋友";而荣国府是"我们家的只管'春秋两季'地租子""托赖着祖父的'虚名'作个'穷官儿'罢了了。")而且地主官僚的穷奢极欲,是永无止境的,正象贾蓉那样：请客还非要那架玻璃坑屏不可,所以对平民小户的剥削,也会无限制地加甚,使平民小户永无出头的日子。这种情况只有在消灭了阶级,消灭了剥削的社会里,才能得到彻底的改善。

（二）在封建社会里社会地位不同的人处事对人的不同态度和心理

本文所写两个主要人物,刘老老、王熙凤是两个社会地位完全不同的人,因此她们在处事对人时的态度和心理也截然不同。

1. 刘老老是个平民小户的穷老太婆,为了生活所迫,不得已舍着老脸去荣府谋求周济,她自己也深知"侯门似海",进去并不容易,因此对荣府的奴才们都低声下气,陪着笑脸,怕惹人厌(举例在荣府门前及周瑞家的行动)。在凤姐跟前更是处处小心,步步谨慎,总是注意迎合别人的心意,看人家的脸色行事。当凤姐给她二十两银子时,就"喜得眉开眼笑""千恩万谢"。这是为什么？毫无疑问是由于生活所迫,才使得刘老老处事对人如此自卑胆怯,态度谦恭谨慎,甚至低声下气。

2. 王熙凤是官僚地主家庭中的当家媳妇,过着骄奢淫逸的生活,对待刘老老高傲、虚伪、无情,表面上虽然表示亲热,"朝廷还有三门子穷亲呢",背后却流露了鄙视："怪道,既是一家子,我怎么连影子也不知道。"当刘老老说明来意之后,只让她吃一顿饭,给了二十两银子就把老老打发了。虽然口说了许多客套话,但不等老老辞别就站起送客。这是由于王熙凤有钱有势的社会地位才决定了她处事对人如此态度。

三、总结

（一）本篇主题思想：这篇作品生动地描写了中国封建社会末期的一个生活片段。从这段描写里,我们可以具体地看到象刘老老这种贫苦人家的老妇人和象王熙凤这种贵族的少妇的性格,还可以看到她们之间的关系。从人物性格和人物之间的关系上,我们可以认识封建社会里平民小户同官僚贵族贫富悬殊的情况,以及社会地位不同的人处事对人的不同态度和心理,从而具体地体会了封建制度的罪恶。

（二）本文刻划人物手法上的特点

"红楼梦"最善于刻划人物,它不但善于抓住特征,深入细致地描写人物的外貌、行动、语言,而且还善于通过这种描写表现矛盾的心理和性格。

1. 如作者写刘老老初到荣国府门前,"刘老老不敢过去,掸掸衣服,又教了板儿几句话,然后溜到角门前";见了那几个"挺胸叠肚,指手划脚的人",当然她更加害怕,但是"只得蹭上来问:'太爷们纳福'",又"陪笑"。这样作者就把刘老老又不敢上去,又不能不上去的矛盾心理,刻划入微,而事前的一些准备,临时装着的一些态度又能处处见出她是个老于世故的人。

2. 如作者写王熙凤初会刘老老,一面写出她的"满面春风"和嘴上一连串的客气话,一面更冷冷地描写了她那些细巧的做作,她到底也没有称呼一声,到底也没有抬一抬身。这样作者就把王熙凤又要拿势派,又要不让人说她没礼貌的这一种复杂性格,曲曲传出。

四、布置作业

(一)用第一人称的口吻书面叙述刘老老到荣国府去的经过(假设刘老老回家以后对女儿和女婿叙述经过)。

(二)预习"我国的古典文学"(文学常识一三),仔细看课文一遍。

选自上海市教育局教学研究室编《初级中学课本文学第四册课堂教学参考书》,上海:新知识出版社,1958 年版第 76—87 页。

高中:《诉肺腑》教学大纲与教学参考(1957)

《诉肺腑》教学大纲(3 课时)①

曹雪芹

曹雪芹所处的时代,他的生活和创作。

"红楼梦"是我国伟大的长篇小说。它的思想内容:描述一个封建贵族家庭的腐朽生活和内部矛盾,反映封建社会的黑暗及其不可避免的没落命运。主人公贾宝玉和林黛玉对功名利禄的蔑视,对自由生活的追求,对封建婚姻束缚的不屈的斗争。它的艺术特点:人物众多而各具不同面貌,事件复杂而结构完整。

诉肺腑

简述同这段小说有关的前后情节。作品通过宝玉同湘云、袭人的谈话,写出宝玉

---

① 这份教学大纲可能没有出版单行本,课程教材研究所编《20 世纪中国中小学课程标准·教学大纲汇编(语文卷)》中的1956 年《高级中学文学教学大纲(草案)》只列出第一学年第一、第二学期的教学大纲。收录这份大纲的《高级中学课本文学第三册教学参考书》在《出版者的话》中做了说明:"'高级中学文学教学大纲(草案)'(包括说明和第一学年部分及大纲的补充说明),已于 1956 年 11 月出版,第二学年第一学期部分,现在先印在这一本参考书里,待下学期部分编好,再一起编入合订的大纲。"人民教育出版社编《高级中学课本文学第三册教学参考书》,北京:人民教育出版社,1957 年版第 2 页。

和黛玉的真挚爱情的思想基础:鄙弃仕宦道路,争取个性解放。通过黛玉听到谈话以后的感触,写出黛玉的处境,反映封建势力对青年男女幸福生活的阻力。湘云和袭人的谈话中所反映的薛宝钗的性格和思想。

选自人民教育出版社编《高级中学课本文学第三册教学参考书》,北京:人民教育出版社,1957年版第8—9页。

《诉肺腑》教学参考

一、曹雪芹和他的"红楼梦"

曹雪芹(约1724—约1763),名沾(霑)。他家从清代初年起,到他这一代为止,是一个"百年望族"。自他曾祖父以来,他家便世袭"江宁织造",约六十年之久。"江宁织造",是掌管宫廷所需的各种织物的织造、采购和供应的,是一个很能发财的差使。特别是他祖父曹寅的一代,为曹家"荣华富贵"的极盛时期。曹寅任江宁织造二十年。最后八年,他又兼了巡视两淮盐漕监察御史,所以曹家这时非常阔绰。清圣祖五次南巡,曹寅就办了四次"接驾大典",就可见当时曹家阔绰到什么程度。

曹雪芹生时,他的祖父已死,父亲曹頫还在做江宁织造。1727年,曹頫被免职。次年,曹家被抄家,南京房屋全部被没收,这时曹家就由南京迁回北京。

曹頫被免职和抄家的原因,表面上说是为了亏空公款,而主要的原因还是由于清世宗用阴谋和残酷手段夺取到帝位以后,有意采取与他父亲(清圣祖)相反的措施,特别打击他父亲所信用的人,曹家自然也在被打击的范围内。从此,曹家便走上衰落之路。

曹雪芹写"红楼梦",是在曹家已经一败涂地之后,那时他居住在北京西郊,住着破房子,过着极贫困的生活。

1763年,他唯一的儿子病死了。他因感伤太甚,也生了病,在除夕的那一天逝世了。

现在流行的"红楼梦"一百二十回本,其中后四十回,据今人考证,为清乾隆时高鹗所续。

高鹗完成"红楼梦"后四十回的续作,大约在曹雪芹逝世后二十八年,即1791年。从书中主要人物性格的发展和故事的悲剧性的结局上看来,续作基本上与曹雪芹原来的意图一致。

曹雪芹所处的时代,是清代的所谓"康乾盛世"。但实际上这是中国封建社会崩溃前夕的一个黑暗时代。

在这个时代里,清代统治者一方面加紧对农民的剥削,纵容八旗贵族和大官僚大地主阶级进行土地兼并,结果使农民流离失所,另一方面极力抑制明代已经萌芽的资本主义经济因素和市民社会势力的发展。在康熙、雍正、乾隆三朝,对人民的镇压是极严酷的,国内大兴文字狱,对当时具有民族思想意识的知识分子大加杀戮。又提倡程朱理学,利用以八股文取士的科举制度,禁锢人民的思想,麻痹人民的反抗意识。然而,这些措施也消灭不了民族矛盾和阶级矛盾。

清初已经出现了反抗民族压迫、反对封建君主制度、要求个性解放的启蒙思想家,如王夫之、黄宗羲、顾炎武等。曹雪芹既处在这样的时代,在思想上显然受了当时的进步思想的影响。在他所写的"红楼梦"中,不仅揭露了封建贵族地主阶级的丑恶面貌、腐朽本质和没落趋势,而且反映了当时广大人民要求民主自由和个性解放的思想。

曹雪芹是我国伟大的现实主义作家。曹雪芹曾说他的写作是"只按自己的事体情理,……其间离合悲欢,兴衰际遇,俱是按迹循踪,不敢稍加穿凿,至失其真"(第一回)。在过去曾有人据此把"红楼梦"理解为作者的自传,这显然是错误的。所谓"按迹循踪",不失其真,只是按事体情理的发展,以求达到生活的真实的意思。

这部伟大的现实主义的长篇小说的中心事件,就是贾宝玉和林黛玉的恋爱悲剧。

从作品里所描述的贾府的生活中,可以充分地看到当时封建贵族的腐朽生活。他们的奢华糜费,简直达到了令人难以置信的程度。一个"荣国府",合算起来,"主子"不过二十来个,可是"奴才"就有三百左右。为了元妃省亲,特地修造一座规模巨大、陈设豪华的花园;别的不算,单是为装饰这个园子而置办彩灯花烛并各色帘帐就需银二万两。毫无疑问,这样的奢华糜费,是依靠对农民的剥削。关于这一点,从五十三回所描写的黑山村庄头乌进孝来纳租的一段文字中可以看得很清楚。并且,贾珍自己也对乌进孝露骨地说:"这一二年里赔了许多,不和你们要,找谁去?"足见封建贵族地主阶级的奢华糜费愈大,他们对于农民的剥削也就愈残酷。

贾府的腐朽生活,还表现在道德伦理的败坏上。别看在祭宗祠时,他们是那样庄严肃穆,井然有序,其实这些"诗礼簪缨之族"的子孙,口头上是"仁义道德",实际上却是无恶不作。贾赦贪财纳贿,贾雨村为了讨好他,讹诈人家家藏的名扇,弄得人家家破人亡!王熙凤贪图三千两银子,便依仗势力,偷用贾琏的名义给官府写了一封信,拆散了别人的婚姻,害死了两条人命!并且,"自此,凤姐胆识愈壮,以后所作所为,诸如此类,不可胜数"(第十六回)。贾府的亲戚薛蟠打死了人,依仗贾府势力,竟跟"没事人一般,只管带了家眷走他的路"。这类的事,在"红楼梦"里还有很多。

在这个家庭的内部,也不是平安无事的。其中父子、母女、婆媳、姑嫂、妻妾、嫡庶、夫妻之间都存在着矛盾。为了争权夺利,勾心斗角,互相倾轧。如第二十五回所写"魇魔法叔嫂逢五鬼"，便是赵姨娘对凤姐进行报复，想害死凤姐和宝玉而采取的阴险手段。再如第六十八、六十九回所写的"借剑杀人"的事也是一例。从外表上来看，凤姐对尤二姐是那样好，骗得尤二姐"倾心吐胆"，把她认为知己，实际上要尤二姐性命的不是别人，正是凤姐。贾府里这种人与人之间的关系，正如第七十五回里探春所说："咱们倒是一家子亲骨肉呢，一个个不象乌眼鸡似的，恨不得你吃了我，我吃了你!"

主人公贾宝玉和林黛玉，是作为正面的典型人物出现在作品中的。他们在思想上是叛逆的。他们的最纯洁的理想、最真挚的爱情，同这个家庭的腐朽生活构成了鲜明的对照。蔑视功名利禄是宝玉的主要思想之一，这一点，从宝玉平日的言行可以看得很清楚。上自贾母、贾政，下至宝钗、袭人，都曾下死劲逼他、劝他读死书，学八股文，以图"上进"。但他却坚决不读死书，最讨厌八股，说它"不过是后人饵名钓禄之阶"。他痛骂那些读书求上进的人都是"禄蠹"。他不愿和那些为官作宦的人往来，把谈讲"仕途经济"的话视为混账话。有时宝钗等人见机劝导，他说："好好一个清净洁白女子，也学的钓名沽誉，入了国贼禄鬼之流!"他思想里根本没有什么为官作宦、光宗耀祖的观念。为了让他读书上进，遵守封建秩序，贾政曾严厉地管过他，狠狠地打过他，但丝毫不能改变他的这种思想。

林黛玉对于功名利禄的看法，很清楚地反映在她对宝玉的希望上。别人劝宝玉读死书，学八股，常与为官作宦的人来往，将来好猎取功名，应酬事务，"独有黛玉自幼不曾劝他去立身扬名"，也从来没有说过有关"仕途经济"的话。这说明她有着同宝玉一样的蔑视功名利禄的思想。并且，就因为这一点，他们互相引为知己。

同时，宝玉和黛玉没有等级观念，没有男尊女卑的思想，他们热烈追求着自由幸福的生活，他们不以生长在这个珠围翠绕、锦衣玉食的大观园中为幸福，相反的，他们感觉到受重重的封建礼教的束缚，是莫大的痛苦。例如当宝玉第一次见到秦钟时，就曾经怨恨自己为什么生在这侯门公府之家，又说："'富贵'二字真真把人荼毒了!"可见他是多么厌弃这样一个家庭。林黛玉的处境更有不同于宝玉的地方。她不仅是女子，而且是无依无靠寄人篱下的女子。她感到这个贵族家庭给她的精神上的压迫是极沉重的。她曾经以落花来比自己的飘零，把她的痛苦和理想集中地反映在"葬花词"上。"一年三百六十日，风刀霜剑严相逼。"这与其说是咏花，还不如说是悲叹自己的身世。"愿侬此日生双翼，随花飞到天尽头!"表现出她追求自由生活的理想。

这样的林黛玉和贾宝玉，自然不能见容于这个封建贵族家庭；他们的爱情，也自然不能不受到破坏。从他们爱情发生的那一天起，他们（特别是黛玉）就感觉到这个为封建礼教所统治的环境的压力。他们不敢表示自己的爱情，也就是这种压力的反映。第八十二回所描述的"病潇湘痴魂惊恶梦",则更直接地反映出黛玉对于以贾母为首的封建卫道者向他们的爱情所施加的压力的敏感。但是,在这样强大的封建势力下,他们并没有妥协,相反的,他们了解愈深,相爱愈深,他们把爱情牢牢地建筑在同一理想同一认识的基础上。最后,尽管他们的爱情以悲剧结束,可是,他们都不曾屈服,黛玉以死殉情,宝玉最后也突破这个封建家庭的层层包围,出家做和尚去了。

毫无疑问,这是对封建社会的反抗,这是他们最后在反对封建婚姻束缚上所进行的不屈的斗争。

至于贾宝玉这种思想性格的形成,显然受到某些过去的文化思想的影响。贾宝玉喜读诗词,喜读"庄子",喜读"西厢记"和"牡丹亭",就是具体的例子。另一方面,也受他的生活环境的影响。他虽然生长在一个封建贵族大家庭里,但由于他受到了贾母的溺爱和骄纵,自幼不喜读"正经"书,自然说不上受到封建主义正常的熏陶教育。他在家庭里享有一种特权,天天和姐妹、丫鬟在一起,而那些居于被压迫、被蹂躏地位的丫鬟们,尽管她们的思想品格各不相同,但她们遭遇的悲惨却是共同的。贾宝玉自幼不只在生活上跟她们亲密,内心里也是亲近着她们的。特别是几件重大的事,如金钏投井,晴雯被逐,尤二姐惨死,都给他很大的刺激,使他的思想性格有所发展。另外,还有秦钟、柳湘莲、蒋玉菡这些被他引为知己的人,不是身居贫贱,便是没落了的旧家少年。贾宝玉和他们有友情,自然也受到影响。

除此以外,形成他那种思想性格的还有一个更重要的原因,这就是他和林黛玉的恋爱关系的发展,以及步步逼来的在婚姻问题上和整个生活道路上所遭受到的封建势力的压迫。这种压迫愈来愈大,他的反抗思想愈加成熟,知道恋爱的悲剧结局,他的思想愈加坚强了。

"红楼梦"人物众多,可是,各有不同的面貌。由于社会地位、家庭地位、生活教养、社会影响的不同,即使他们同在一个生活环境里,在性格上也显示着巨大的差异。例如王熙凤和王夫人都是正统的封建贵族妇女,在她们身上有着同一阶级的共同本质——虚伪、残忍、自私等,但是她们的精神面貌却各有不同。王熙凤是锋芒外露的,王夫人是面似老实,而实际上是极凶残的。袭人、平儿、鸳鸯都是贾府的大丫头,然而,不同的生活环境和遭遇却在她们性格的成长和发展上留下了明显的迹象。周旋在"贾琏之俗、凤姐之威"下的平儿,是被凌辱的对象,为了委曲求全地生活下去,她固然对于别的不幸者有着同情心,却不得不无条件地屈服在凤姐的淫威之下。袭人为了巩固她已经获得了的在怡红院里的地位,就要取得王夫人的欢心和信任,也要用各种手段笼络贾宝玉;甚至还用卑劣的手段排挤别人。又如在贾母"庇护"下的鸳鸯,在这个贵族家庭里也有相当的地位,由于她的特殊的生活环境,使她能从更多的方面看出她的主子们的腐朽生活,看出了他们灵魂中最肮脏的东西,从更多的方面感受了她的姐妹们种种不幸的生活遭遇,唤起了她作为一个女性的自尊心和对恶势力的反抗。

在"红楼梦"里,不仅人物众多,而且事件复杂。正如书中第六回所说:只就"荣府中合算起来,从上至下也有三百余口人,一天也有一二十件事,竟如乱麻一般,没个头绪可作纲领"。可是,作者不但能把每个人物写得栩栩如生,而且把这些错综复杂的事件安排得井井有条。

作品的故事情节,是以贾宝玉和林黛玉的爱情、他们的悲剧命运作为主要线索向前发展的。伴随着这条线索前进的,还有他们所生活的这个贵族家庭由兴盛到衰落的发展过程。作品情节的无比复杂性,就是在这两条线索错综交织中展开的。就这样组成"红楼梦"规模壮阔的结构。

"红楼梦"的艺术描写是从生活出发的,因此,作者才探索并把握到了这个决定个人命运和阶级命运的生活焦点。封建贵族大家庭生活的形形色色正是表现了贾宝玉、林黛玉所生活的环境的复杂性,围绕着他们的是错综无比的人与人之间的关系,在相互联系的情况下、在同一时间内展开着各人不同的命运。他们鲜明的性格的形成和发展,是与其他人物性格交互在一起,逐步被揭示出来的。

这是由于作者对现实生活有了深刻的认识,因而他在构成自己的作品时,也是以现实生活的规律作依据,符合于现实主义的结构原则的。所以全书所写的事件虽然非常复杂,却达到了统一完整的高度。

二、课文分析

"诉肺腑"是从"红楼梦"第三十一回、三十二回里节选出来的。同这段小说有关的情节是这样的:

有一天,宝玉随贾母及众姊妹在清虚观打醮,得了张道士送的一件礼品"金麒麟",他听薛宝钗说史湘云也有这样一个金麒麟,便准备把自己得的这个送给湘云。黛玉曾经听到过"金玉之论",心里本已不安,现在又见宝玉得了金麒麟要送给湘云,不免又增顾虑。宝玉因为在清虚观听到张道士对贾母说起给他提亲的话,心中不大受用。第二天,两人都没有再去清虚观,在家彼此赌气。宝玉砸玉,黛玉也将过去送给宝玉络玉的穗子铰了。可是事后两人都很懊悔,不久也就和解了。

这天史湘云到贾府来玩,在去怡红院的路上拾了一个金麒麟,却不知道是谁的;等到宝玉提到要把前日在清虚观得的一个金麒麟送她,却发觉已经丢了,湘云这才知道她所拾的这个金麒麟,正是宝玉遗落的。

"诉肺腑"这一段,正象原书其他各回一样,是通过极普通的日常生活事件多方面的描写,显示出各个人物不同的性格和思想感情。

贾宝玉,这一个封建社会永不回头的"浪子",在"诉肺腑"这一段中,又一次地表现出他对功名利禄的蔑视,对仕宦道路的鄙弃。他说:"倒是丢了印平常;若丢了这个,我就该死了。"在这句话中,倒不是说他把"麒麟"看得和生命一样重,而是说明他把为官作宦,看得不值一文。后来听说贾雨村要会他,他抱怨着说:"有老爷和他坐着就罢了,回回定要见我!"又说:"罢,罢! 我也不过是俗中又俗中的一个俗人罢了,并不愿和这些人来往!"可见他多么讨厌这个热中(衷)功名的贾雨村。他听到湘云劝他常会会这些人,谈讲谈讲那些仕途经济的话时,不能不"大觉逆耳",即使他素日尊重女性,湘云又是客人,也禁不住说:"姑娘请别的屋里坐坐吧,我这里仔细腌臜了你这样知经济的人!"据袭人说,宝钗也劝过他一回,可是,"他也不管人脸上过不去,咳了一声,拿起脚来就走了。宝姑娘的话也没说完……"虽然"心地宽大""有涵养"的薛宝钗并没有因此发恼,可是,宝玉却因此和她"生分"了。反之,对于黛玉,即令她赌气不理,宝玉也甘愿赔不是。这是为什么呢? 宝玉说得很清楚:"要是他也说过这些混账话,我早和他生分了!"在这些话里,有两点值得注意:一点是既然黛玉把宝玉视为终身伴侣,从不曾劝他去谈讲那些仕途经济,立身扬名,就足见黛玉思想和宝玉一致,也是鄙视仕宦道路的。另一点,就宝玉来说,即使是才貌如林黛玉者,如果她也说过那样的"混账话",也早要和她生分的。这说明他为什么特别对林黛玉有感情的原故。宝玉黛玉之间的爱情有真正的思想基础,因此他们之间有过误会,发生过争吵,却不但没有"生分",而且通过这些小波折,彼此有了更多的了解。他们有着追求自由生活的共同理想,他们反对封建礼教的束缚。他们恋爱这件事的本身,就是具体反映了他们的共同理想,就是向封建礼教宣战。因此说,鄙视仕宦道路,争取个性解放,是他们真挚爱情的思想基础。

在节选的这段里,林黛玉到怡红院来,本是为了听宝玉同湘云说金麒麟的事儿,不料恰好听到他们谈关于仕途经济的一番话。宝玉的话使得她"又喜又惊,又悲又叹"。林黛玉的这一感触,集中地反映出她的处境,反映出封建势力对青年男女争取幸福婚姻的阻力。

因为父母早逝,她不得不来贾府;尽管名义上还是贾府贵宾,但实际上,她寄人篱下,受到歧视,在别人的施舍与怜悯下过日子,早已是一个孤苦伶仃的人了。特别是在她和宝玉的爱情问题上,她知道处在这样一个封建堡垒里,是不能取得任何同情的,所以她悲叹自己"虽有铭心刻骨之言,无人为我主张"。因此,她虽然庆幸"自己眼力不错,素日认他是个知己,果然是个知己",而且"其亲热厚密竟不避嫌疑";可是,马上想到"金玉之论",想到自己这种孤苦伶仃的处境,"不禁泪又下来"。

"金玉之论"之所以使林黛玉悲叹,甚至于为此而不止一次与贾宝玉发生误会,并不是由于林黛玉心胸狭窄,而是因为这种"金玉之论"是被一些人所支持的。就这种意义来说,所谓金锁、金麒麟,已不是什么装饰品,而是被神圣化了天定的封建婚姻的象征。尤其是这金锁的所有者薛宝钗,又恰好是封建正统道德规范所要求的理想人物,为贾母、王夫人所看中的"好孩子";林黛玉怎能不感到这是她和宝玉爱情之间的障碍呢?所以说,林黛玉对于"金玉之论"的悲叹,实质上是反映了封建势力对青年男女争取幸福婚姻的阻力。

至于薛宝钗,在这一段小说中虽未出场,可是,从湘云、袭人的谈话中,已表现出她的性格和她同宝玉、黛玉的思想矛盾。

在她们的谈话中,提到了有关薛宝钗的只两件事:一件是说她转赠戒指给袭人;一件是说她规劝宝玉留意仕途经济。从转赠戒指这件事上可以看得出她是善于施小恩小惠、笼络人心的。"戒指儿能值多少? 可见你的心真。"这话本来是袭人感激湘云的,但亦可见袭人之于宝钗,怀着怎样的感激之情。所以在这个数百人口的封建贵族大家庭中宝钗能博得上上下下的称赞,不是没有原因的。湘云说:"我但凡有这么个亲姐姐,就是没了父母,也没妨碍的!"就可见薛宝钗这种"笼络手段"收效之大!

宝钗规劝宝玉留意仕途经济,可是,宝玉没有等她把话说完,"咳了一声,拿起脚来就走了"。这个情景,自然使薛宝钗难堪,连袭人也看不过,只当她恼了;"谁知过后还是照旧一样"。她因此博得别人的同情和尊敬,说她"有涵养、心地宽大"。宝钗的这种处世方法,是由封建的家庭教育和社会风气无形地慢慢地养成的,这种方法在封建社会里最易达到自己所企求的目的。

宝钗同宝玉、黛玉的思想矛盾,在这里所表现出来的就是对于仕宦道路所采取的态度。宝玉、黛玉对于仕宦道路所采取的是鄙视的态度,他们所理想的是自由生活。而宝钗对于仕宦道路所采取的却是积极肯定的态度,因而可以推知她所热中(衷)的也就是功名富贵。前者是封建社会的叛逆者,后者是封建社会的保卫者。湘云、袭人之所以赞扬宝钗,而贬低黛玉,正是由于她们在思想上是站在宝钗一边,而不是在宝玉和黛玉一边,这是很显然的。这一点也正是宝钗同宝玉、黛玉的思想矛盾的反映。

在这一段小说中,作者运用了正面描写人物的方法,同时,也运用了侧面描写人物的方法。所谓"侧面描写",就是通过作品中其他人物的观察或转述来描写另一个人物的肖象、对话和动作,以表现其性格的一种方法。例如湘云、袭人等的一段有关黛玉和宝钗的谈话，就是对黛玉和宝钗的侧面描写。

在这里，宝钗和黛玉都没有出场。但是，从湘云、袭人谈话中所说的这几件事以及她们对于这几件事的看法上，使我们能够了解到宝钗和黛玉的性格是怎样的。当然，毫无疑问，同时也反映出湘云和袭人的性格。成功的侧面描写，往往很经济地描写出人物的性格来。

侧面描写人物的方法，在长篇作品中常被采用，因为这样描写，既可以把错综复杂的生活本身和人物关系交代出来，又可以拿某一章节为重心而照顾前后情节。所以这种方法同时还被当作对文章剪裁方法来运用。作者为了更有效地突出宝、黛二人的心理活动与思想面貌，以取得更感人的艺术效果，因而有必要在这里作上述的侧面描写。

三、教学注意事项

（一）节选的这一段里，虽然没有叙到宝、黛二人正面倾诉感情，但从宝玉对湘云、袭人的话里，已经可以体味出宝玉对黛玉的深刻的知己之感。这些话也正是从他的肺腑中掏出来的。这段选文采用原书回目的一部分——"诉肺腑"为题，原因在此。

（二）这篇"教学参考"中介绍全书的材料偏多，教师在实际教学中可以斟酌缩减。例如有关本篇"教学大纲"所提"全书人物众多而各具不同面貌"的一段材料，可以不加运用，而只就节选的一段里出现的和提到的五个人物来做例子说明。

（三）分析这段小说的人物时（特别是宝、黛二人），可以适当结合上文对他们所作的介绍。

选自人民教育出版社编《高级中学课本文学第三册教学参考书》，北京：人民教育出版社，1957 年版第 102—114 页。

参考文献

H·R·姚斯、R·C·霍拉勃著,周宁、金元浦译《接受美学与接受理论》,沈阳:辽宁人民出版社, 1987 年版。

沃尔夫冈·伊瑟尔著,金元浦、周宁译《阅读活动——审美反应理论》,北京:中国社会科学出版 社,1991 年版。

白盾主编《红楼梦研究史论》,天津:天津人民出版社,1997 年版。

李广柏著《红学史(上下)》,广州:广东教育出版社,2010 年版。

郑国民著《从文言文教学到白话文教学——我国近现代语文教育的变革历程》,北京:北京师范 大学出版社,2000 年版。

张心科著《接受美学与中学文学教育》,合肥:合肥工业大学出版社,2005 年版。

张心科著《清末民国儿童文学教育发展史论》,北京:北京师范大学出版社,2011 年版。

张心科著《清末民国中学文学教育研究》,北京:高等教育出版社,2018 年版。

课程教材研究所编《20 世纪中国中小学课程标准·教学大纲汇编·语文卷》,北京:人民教育出 版社,2001 年版。

课程教材研究所编《20 世纪中国中小学课程标准·教学大纲汇编·课程(教学)计划卷》,北京: 人民教育出版社,2001 年版。

＊本书参考的教科书、教学参考书不再一一列出。

后　记

　　本书三章分别写于 2009 年 10 月、2014 年 3 月、2017 年 1 月,每章考察的角度也不完全相同,因为最初并没有打算写成一本书。不过写到 2016 年时发现,如果将这三章连在一起,那么恰好构成了一部《红楼梦》在百年中国语文教育中的接受史。同时,也从一个侧面呈现了一部我国现代语文教育,尤其是语文教科书编写的发展史。

　　要特别感谢《红楼梦学刊》编辑部主任张云研究员、王慧老师。她们使本书的部分章节得以先在《红楼梦学刊》上分别以《〈红楼梦〉在清末民国语文教育中的接受》(2011 年第 5 期)、《清末民国时期课外阅读中的〈红楼梦〉》(2013 年第 6 期)和《1949—1979:〈红楼梦〉在语文教育中的接受》(2015 年第 4 期)、《〈红楼梦〉在中学语文教育中的接受(1980—1996)》(2017 年第 6 期)、《〈红楼梦〉与语文教育(1997—2016)》(2018 年第 5 期)等论文的形式发表。本书在未删节的原稿的基础上做了补充和修改,并重新校核了文字。同时,附上不同时期、不同学段的教学参考书中《红楼梦》选篇的教案或课文解读文字。

　　若有不当之处,敬请诸君指正!

2019.01.25